FAO中文出版计划项目丛书

动态发展、人口变化与膳食转变

——关于亚洲及太平洋地区粮食体系的快速发展及其原因

联 合 国 粮 食 及 农 业 组 织　编著
谭茜园　尹艺伟　娄思齐 等　译

中国农业出版社
联合国粮食及农业组织
2022 · 北京

引用格式要求：

粮农组织和中国农业出版社。2022年。《动态发展、人口变化与膳食转变——关于亚洲及太平洋地区粮食体系的快速发展及其原因》。中国北京。

04-CPP2021

本出版物原版为英文，即*Dynamic development, shifting demographics, changing diets: The story of the rapidly evolving food system in Asia and the Pacific and why it is constantly on the move*，由联合国粮食及农业组织于2018年出版。此中文翻译由农业农村部国际交流服务中心安排并对翻译的准确性及质量负全部责任。如有出入，应以英文原版为准。

ISBN 978-92-5-136816-9（粮农组织）
ISBN 978-7-109-30131-3（中国农业出版社）

FAO中文出版计划项目丛书

指导委员会

FAO中文出版计划项目丛书

译审委员会

本书译审名单

翻　译　谭茜园　尹艺伟　娄思齐　吕艾琳

审　校　谭茜园

PREFACE 序　言

食品是人类赖以生存的基础，然而人们往往认为食品供应是理所应当的。至少在最富裕的一部分国家，人们普遍认为：因为食品是生存必需品，所以随时随处都能获取。目前，全球粮食产量足以为每个人提供食品（但仍有很多人面临食品分配不公的问题），可未来数十年的粮食安全却充满了不确定性。因此，在全球仍有超过8亿人食物不足的情况下，消除粮食不安全和营养不良被列为联合国可持续发展目标之一，即可持续发展目标2：零饥饿。

虽然可持续发展目标2是联合国（UN）全体成员国一致同意的全球目标，但各国努力实现该目标时所面临的实际情况却各不相同，没有一套做法是放之四海而皆准的。这一点在亚洲及太平洋地区（亚太地区）尤为突出，亚太地区在多个方面与世界存在差异。该地区经济快速增长，城市化迅猛发展，且预计今后一段时期仍将保持这一态势。高速发展对粮食体系产生了一系列影响，这正是本书单独讨论亚太地区的原因。

经济增长，贫困人口收入提高，贫困率大幅降低。亚太地区成功实现了联合国千年发展目标中的第一个具体目标：于1990—2015年间将贫困发生率减半。但是，新增收入主要由位于收入分配第一梯队的人群获得，导致贫富差距扩大，多个可持续发展目标的落实难度加大。随着经济的增长，生育率下降，人口出现老龄化。而且该变化发生的速度比大多数有过类似经历的发达国家还快上许多，这说明留给亚太地区的时间已不多了，必须加快建设金融基础设施和社会保障体系，有效应对人口老龄化的影响。

到2021年，随着农村人口向城市移徙和城市扩张，亚太地区半数以上人口将居住于城市。城市化也为粮食体系在生产、运销和消费环节的组织方式带来重大改变。随着供应链的地理分布延长，中间环节通常会减少，而且会对食品的质量、安全和追溯性提出更高要求。农民尤其是小农可能难以满足私营部门和消费者的这些需求。与此同时，城市居民的食品需求也为农村生产者增加收入和扩大经营提供了良机。

城市化的发展还改变了食品购买和食用的场景和方式。这些“食品环境”决定了消费者获取食品的种类、时间、价格以及便利性和需求程度，大大影响了消费者的膳食摄入量和营养水平。

经济增长能够促进消费者进行多样化饮食，因此，非主食食品目前占食品总支出的一半以上。对农民来说，这意味着要做出调整，转向生产高蛋白食品、水果和蔬菜。然而，高盐、高糖、高脂肪深加工食品的供应和消费也大幅增加。再加上体能运动减少，食品消费结构的转变导致各国的超重和肥胖症发生率攀升，太平洋岛国的超重和肥胖症发生率已达到极高的水平，随之而来的是非传染性疾病危害加大，公共卫生体系不堪重负。

随着人口的持续增长，膳食和食品需求日益多样化，在与其他因素的共同作用下，自然环境所面临的压力与日俱增，包括对土地和水资源造成负面影响、气候变化、自然灾害频发以及对人类和生态系统健康造成损害。这些压力不仅有损人类总体生活质量，还加大了人类为后代保障可持续粮食生产的难度。

除了膳食多样化之外，消费者还将新增收入的相当一部分用于健康、教育、服装、交通、娱乐和电子消费品。消费模式的转变正在推动区域经济和农村生计发生结构转型，亚洲大国中约90%的农村家庭通过开展非农活动赚取收入。

随着新技术的迅速传播，现在许多人认为将物理和生物系统与数字世界相结合就是第四次工业革命的开端。新技术（第四代移动通信技术、宽带、物联网、智能手机、遥感、人工智能、无人机和传感器网络）和机械化等传统技术将影响我们生产粮食和管理自然环境的方式。区块链等新技术将影响食品的运输方式，在食品追溯性及支持小农进入新兴市场方面的问责和透明度很可能得到改善。在未来，第四次工业革命还可能会改变生产地点，因为城市和实验室农业日益受到青睐。

要理解所有这些趋势及其相互依存性和其产生的影响并不简单，而且不能以线性思维来看待这些趋势。在这个过程中，我们咨询了多位内外部专家，多次利用午餐和茶歇时间对话交流，委托专家就专业性强的主题撰写论文，多次在研讨会上就期中分析结果作报告，并且尝试采用不同的撰文形式。最终成果就是眼前这本书，阐述亚太地区面临的各大趋势将为粮食体系和包括政府、私营部门、消费者、小农、渔民、牧民和林农在内的各利益相关方带来哪些影响。本书旨在对多个主题的趋势和发展进行综述和梳理，将过去关于粮食政策的讨论从未涉及的许多主题囊括其中。我希望本书能够为亚太各国在快速变革和日益复杂的粮食体系下讨论粮食政策提供思路。

Kundhavi Kadiresan

联合国粮农组织助理总干事

兼亚洲及太平洋区域代表

ACKNOWLEDGEMENTS 致　谢

来自联合国粮食及农业组织（简称粮农组织，FAO）亚洲及太平洋区域办事处（RAP）、粮农组织太平洋岛屿次区域办事处（SAP）、粮农组织亚太区域各国家办事处和粮农组织总部的众多人员为本书提供了意见和建议。在本书的撰写过程中，几名外部评审提供的反馈也很有帮助。

本书的撰写得益于David Dawe的领导和技术监督，而且由Vinod Ahuja、Sunniva Bloem、Beau Damen、Tim Martyn和Louise Whiting（均来自粮农组织亚太区域办事处或次区域办事处）构成的核心技术小组提供了强有力的支持。亚洲及太平洋区域办事处区域计划负责人姚向君提供了战略指导和监督，粮农组织助理总干事兼亚洲及太平洋区域代表Kundhavi Kadiresan提供了总体指导。Surawishaya Paralokanon在多个方面都提供了不可枚举的重要思路，包括研究、绘制图表、管理参考文献、协调出版流程和各项行政管理服务。

主要外部评审包括世界银行首席经济学家Steven Jaffee，哈佛大学发展研究名誉退休教授Peter Timmer，国际食物政策研究所（IFPRI）高级研究员Keith Wiebe。在几位评审的帮助下，该出版物得以成书，核心小组对其贡献深怀感激。

来自亚洲及太平洋区域办事处的Sridhar Dharmapuri、Mayling Flores Rojas、Eva Gálvez Nogales和Gerard Sylvester为第七章编写了插文和案例研究。Lois Archimbaud、Anthony Bennett、Srijita Dasgupta、Allan Dow、Thomas Hofer、Melina Lamkowsky、Rachele Oriente、Clara Park、Maria Paula Sarigumba和Caroline Turner等亚洲及太平洋区域办事处的同事以及各类内部研讨会参会人员在本书撰写各阶段提供了意见、思路和帮助。Louison Dumaine Laulusa、Eriko Hibi、Joseph Nyemah、Shukrullah Sherzad和Anna Tiraa等太平洋岛屿次区域办事处同事也提供了思路。

Lalita Bhattacharjee（孟加拉国），Nina Brandstrup（斯里兰卡），Jose-Luis Fernandez、Maria Pastores、Maria Quilla（菲律宾）和Mark Smulders（印度尼西亚）等粮农组织亚太地区各国家办事处同事，以及在曼谷年度区域管理会议上来自各个国家办事处的参会人员均提供了思路。

来自粮农组织总部多个技术部门和战略计划的同事提供了宝贵的意见和

建议，他们是：Angela Bernard、Karel Callens、Benjamin Davis、Juan Garcia Cebolla、Fatima Hachem、Adriana Ignaciuk、Jessica Fanzo、Daniela Kalikoski、Erdgin Mane、Jamie Morrison、You Ny、Ahmed Raza、Jodean Remengesau、Marco Sánchez Cantillo、Cassandra Walker、Emilie Wieben、Ramani Wijesinha Bettoni和Trudy Wijnhoven。由于文件分享系统发生故障，部分建议被标记为来自“访客”，因此无法在此点名致谢，我们为此深表歉意。

最后，本书的出版离不开国际农业发展基金（简称农发基金，IFAD）的资金支持，粮农组织亚洲及太平洋区域办事处对此感激不尽。此外，农发基金多位工作人员在本书撰写各阶段提供了富有远见的意见和建议，特别是Fabrizio Bresciani、Thomas Chalmers和Dilva Terzano。

Robin Leslie完成了本书的编辑工作，位于曼谷的QUO Global公司完成了排版工作。如需了解更多关于本书的信息，请联系FAO-RAP@fao.org。

ACRONYMS 缩略语

ADB	亚洲开发银行（亚开行）
AFOLU	农业、林业和其他土地用途
AMR	抗微生物药物耐药性
ASEAN	东南亚国家联盟（东盟）
CPI	消费者物价指数
DRRM	灾害风险减少和管理
FAO	联合国粮食及农业组织（粮农组织）
GDI	性别发展指数
GDP	国内生产总值
GHG	温室气体
GIs	地理标志
IFAD	国际农业发展基金（农发基金）
IFOAM	国际有机农业运动联合会（有机农联）
IFPRI	国际食物政策研究所
NACCFL	尼泊尔农业合作社中央联合有限公司
NCD-RisC	非传染性疾病风险因子协会
NCDs	非传染性疾病
NGO	非政府组织
OECD	经济合作与发展组织（经合组织）
PGS	参与式保障体系
PICs	太平洋岛国
PPP	购买力平价
SDGs	可持续发展目标
SINER-GI	加强国际地理标志研究
SLR	海平面上升
SPIS	太阳能灌溉系统
UN	联合国
UNDESA	联合国经济和社会事务部（经社部）

UNDP	联合国开发计划署（开发署）
UNESCAP	联合国亚洲及太平洋经济社会委员会（亚太经社会）
UNICEF	联合国儿童基金会（儿基会）
USDA	美国农业部
WEAI	农业中妇女赋权指数
WFP	世界粮食计划署（粮食署）
WHO	世界卫生组织（世卫组织）
WWAP	联合国世界水资源评估计划

COUNTRY AND REGION GROUPINGS USED IN THIS REPORT 本书中的国家和地区分组情况

东亚
中国
蒙古国
朝鲜

东南亚
柬埔寨
印度尼西亚
老挝
马来西亚
缅甸
菲律宾
泰国
东帝汶
越南

南亚
阿富汗
孟加拉国
不丹
印度
马尔代夫
尼泊尔
巴基斯坦
斯里兰卡

太平洋
美属萨摩亚
库克群岛
斐济
法属波利尼西亚
关岛
基里巴斯
马绍尔群岛
密克罗尼西亚联邦
瑙鲁
新喀里多尼亚
纽埃
北马里亚纳群岛
巴布亚新几内亚
萨摩亚
所罗门群岛
托克劳
汤加
图瓦卢
瓦努阿图
瓦利斯和富图纳群岛

高收入国家
澳大利亚
文莱
日本
新西兰
帕劳
韩国
新加坡

CONTENTS | 目　录

第一章

引　言

亚洲及太平洋地区（亚太地区）正在经历快速变革，为消费者生产和供应食品的粮食体系①同样也会受到这些趋势的影响。粮食体系面临的部分挑战是长期存在的，我们不会感到陌生，但这并不意味着这些挑战不那么重要。例如，全球和区域人口不断增长，粮食需求量不断加大，本已不堪重负的自然资源更是捉襟见肘。

快速的变革也将区域粮食体系置于新趋势之下。经济的稳定增长带来了人口老龄化，促进了城市化，加深了国际贸易，推动区域经济结构转型，这些因素都深刻地影响着粮食体系。尤其是在农村地区，人口老龄化对劳动力供应和技术应用产生了重要影响。随着城市化的发展，体力活动逐渐减少，对食品制备便利性提出更高要求，这会带来包括肥胖症在内的一系列营养问题。城市化还加大了农村家庭对汇款的依赖程度，在一些地方还出现了农业的女性化现象。运输和通信成本的降低、贸易壁垒的减少推动了国际贸易的发展，消费者可获取的食品种类不断丰富，但农民也因此而面临更大的竞争压力。向其他经济产业（工业和服务业）延伸的结构转型深深地影响着农村家庭的生计策略和务农时长。发生这些变革的同时，不平等在加剧，信息通信技术快速普及，气候也在发生变化。

上述各项趋势结合起来意味着粮食体系（以及粮食政策）日益盘根错节，复杂程度远非昔日可比。粮食体系不同组成部分之间的相互作用越来越精细化，包含更多维度，将农业各产业与行动方以前所未有甚至有时标新立异的方式联系起来。现在的全球化综合粮食体系更加立足科学、资本更为密集，而农业只是其中的一个部分。未来在生产什么、以何种方式生产、于何处生产以及如何运输等方面，都将进一步发生深刻变化。鉴于此种现实情况，本书认为不同产业和不同地区之间的相互作用是粮食体系发展的基础。

---

① “粮食体系”一词涵盖所有相关行动方及其在食品生产、采集、加工、分销、制备、消费及处置过程中相互关联的增值活动，这些食品源于农业、林业或渔业及其所属的更广泛的经济、社会和自然环境的一部分（FAO，2018c）。

因此，粮食体系虽由多个政府部门共同管辖，但也事关政府之外的各利益相关方（例如学术机构、民间社会组织、私营部门）。为使粮食政策行之有效，各利益相关方不仅要认识和理解农业领域的趋势，还要广泛认识理解环境、健康和营养、城市规划、金融和贸易领域的趋势。

前文提及的各项趋势并非产生于社会文化的真空之中，因此各趋势所产生的影响还需具体问题具体分析。本书重点关注亚太地区，亚太地区各国情况各不相同，但整体来看仍具有区别于世界其他地区的共性特征。首先，亚太地区人口庞大，占全球总人口的一半以上（55%）。按购买力平价计算，目前亚太地区占全球国内生产总值的41%，1990年该数据仅为25%。而且，亚太地区的人口主要集中在几个大国中，92%的人口居住在拥有5 000万以上人口的国家（相比之下，非洲、拉丁美洲和欧洲该比例都较低）。其次，到目前为止，亚太地区人均国内生产总值增长率高于世界其他地区。虽然1997—1998年爆发了亚洲金融危机，但是自1990年以来，亚太地区人均国内生产总值仍然实现了6.5%的年均增速，而同期其他地区增长率无一超过3%（图1-1）。最后，亚太地区城市化速度全球领先，从1990年的30%增长至2016年的47%（图1-2）。预计直到2050年，亚太地区城市化速度都将高于世界其他大洲。

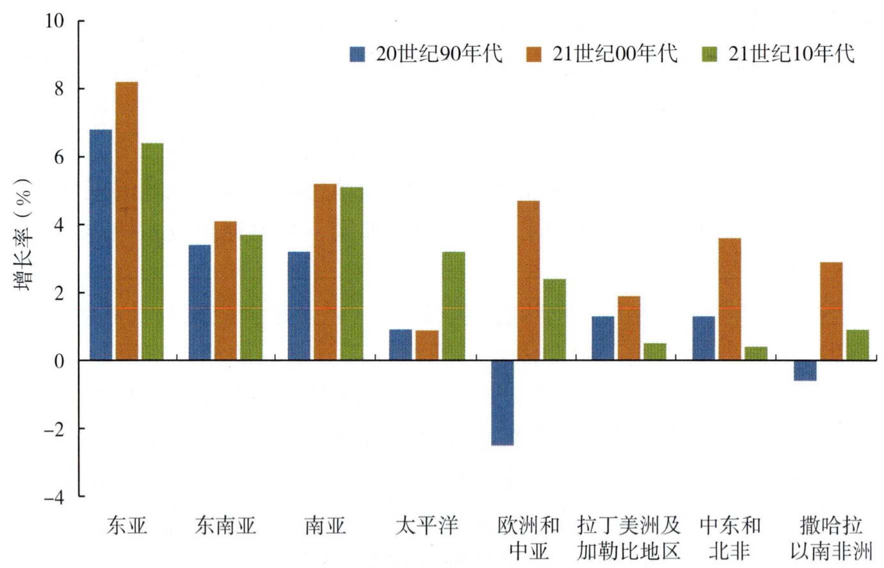

图1-1　不同年代各区域人均国内生产总值年均增长率

资料来源：World Bank（2018）。

注：不包含各区域的高收入国家。

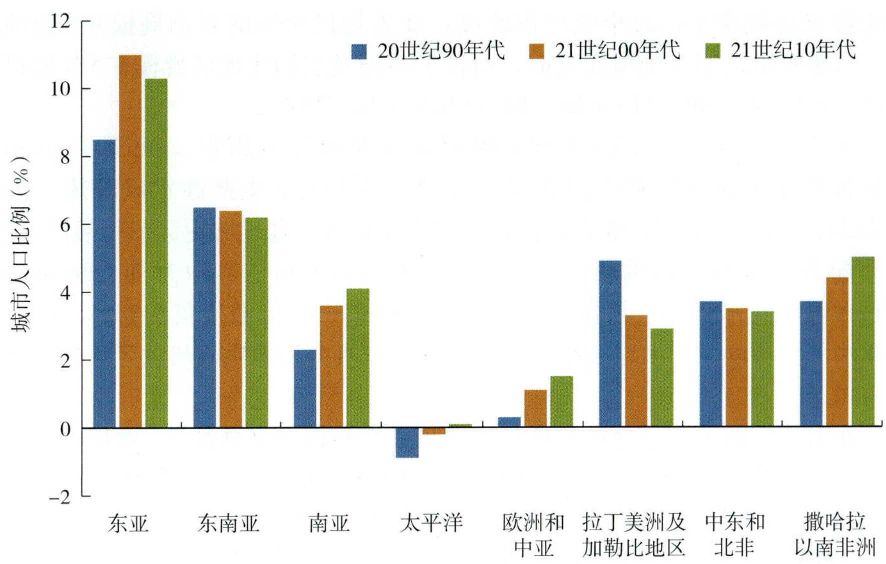

图1-2 不同年代各区域城市人口比例变化情况

资料来源：World Bank（2018）。

注：不包含各区域高收入国家。2010年代估计值所用数据截至2016年，在此基础上将六年数据等比例扩大为十年数据。

亚太地区自然资源禀赋状况也与世界其他地区有所不同，特别是在土地资源方面。由于人口密度极高，亚洲人均农业用地面积低于其他大洲，太平洋岛国的人均农业用地面积甚至还低于亚洲（图1-3）。人均农业用地面积小，

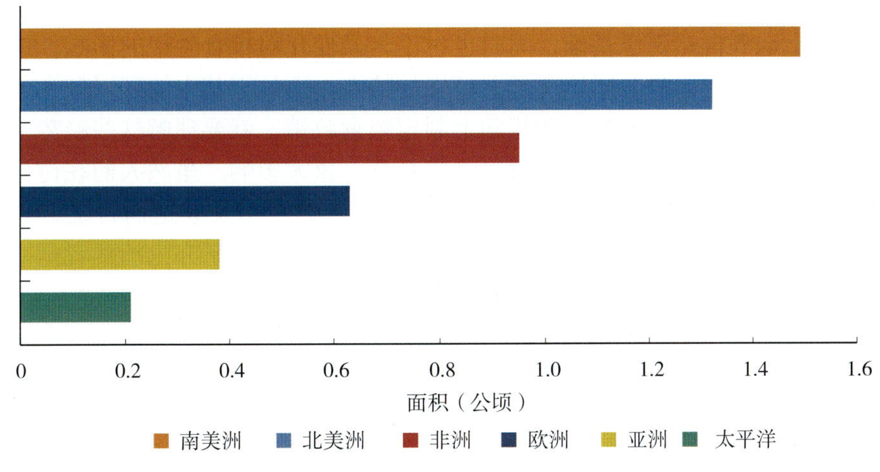

图1-3 各大洲或次区域人均农业用地面积

资料来源：FAO（2018b）。

注：为使图中其他大洲数据更为清晰，未显示澳大利亚数据（人均15.4公顷）。

意味着农场规模小，且小农户占比高。亚太地区95%的农场规模在5公顷以下，与撒拉哈以南非洲情况类似，而拉丁美洲及加勒比地区规模在5公顷以下的农场占比约为50%（Lowder，Skoet和Singh，2014）。

水资源方面，经济合作与发展组织（简称经合组织，OECD）近期一份报告将印度西北部和中国北部列入世界三大粮食生产涉水风险热点地区（OECD, 2017）。同时，亚太地区许多国家比世界其他地区更为依赖灌溉系统，亚洲配备了灌溉设施的耕地面积比例（41%）远高于其他大洲（Portmann，Siebert和Döll，2010）。实际上，北美洲排名第二，但数值仅为13%，远低于亚洲水平。所以，亚太地区在水资源管理方面所面临的挑战与世界其他地区大不相同。

亚太地区的不同之处还包括其语言和社会经济的多样性①。例如，亚洲经济普遍增长较快（且预计还将继续快速增长），而太平洋国家增长较为缓慢（图1-1）。城市化方面（图1-2），发展最为迅速的要数东亚和东南亚，南亚的城市化进程稍慢，而太平洋地区尚未出现明显的城市化趋势。亚太地区土地资源匮乏，但各地缺水程度不同。例如，东南亚和太平洋地区所有国家（除新加坡外）的人均可再生水资源占有量都高于世界平均水平（FAO，2018a），所以该地区灌溉系统覆盖率低于东亚和南亚地区。

因此，本书第二章将详细审查经济、社会文化和生物物理趋势（前文已略作阐述）。分析经济增长的大趋势，日益加剧的收入不平等及其他类型的不平等（性别和城乡不平等）、人口增长和人口结构变化、城市化和移徙、全球化和国际贸易以及各国随之出现的结构转型等现象。

第三章会评估这些趋势（尤其是经济增长和人口增长）如何影响亚太地区的水和土地等自然资源基础，同时也讨论气候变化对粮食生产的影响。这些趋势与第二章所述趋势共同体现了大环境的特点，而处于其中的区域粮食体系也在不断发生变化。若要在知情基础上制定粮食政策，就要理解这些趋势。这些社会经济和环境方面的大趋势对粮食体系具有重大影响。虽然人们在讨论粮食体系时常用“从田间到餐桌”的顺序来描述，但本书反其道而行之，首先从消费者和消费问题着手。市场经济由需求推动，粮食体系亦由消费者需求推动，农民生产的粮食如果不符合消费者需求，将很快被淘汰。

第四章开篇先讨论亚太地区营养状况变迁背景下的营养不良问题，继而重点讨论营养不足和营养过剩问题。亚太地区经济快速增长，财富迅速累积，

① 本书将亚太地区分为五个次区域：东亚、太平洋地区、南亚、东南亚以及这四个地理次区域中的高收入经济体（虽然有时本书不提供最后一个次区域的数据）。高收入国家偶尔会被包含在其所在地理次区域中进行讨论，例如东亚的日本和韩国，如有此种情况，文中会作出说明。国家分组情况请见本书文前。本书中，亚太地区不包括中亚和西亚。

但出人意料的是城乡地区营养不足问题仍都十分严重，许多国家的发育迟缓发生率还处于较高水平。同时，超重和肥胖问题日益严重，公共卫生体系面临挑战。在上述讨论的基础上，第四章探讨影响营养状况趋势的膳食结构变化，包括主食重要性降低，动物源性食品、水果、蔬菜重要性提高，而且高脂肪、高糖、高盐食品消费量也在增加。膳食多样化将人们从对主食的过度依赖中解放出来，提高了营养水平，但也带来了应对肥胖问题的新挑战。本章最后讨论农业产业收入增长、食品价格上涨、城市化和多样化等推动膳食变迁的因素。膳食发生变迁，新需求不断涌现，这也是农民要面对的挑战。

第五章介绍亚太地区农业粮食体系（详见第六章）价值链的转型。在道路、电力、移动电话和互联网等基础设施的支持下，农业粮食体系价值链的精细和复杂程度不断加深。对于食品制备便利性的强烈需求正在转变农业粮食体系价值链的面貌，使零售店日益多元化。食品生产、国际贸易和全球化都越来越重要。

第六章讨论农村生计和人口结构的变化趋势，包括农村贫困减少、非农收入日益重要、部分地区农村人口老龄化加剧、农业就业女性化现象日益凸显。第六章还研究农业趋势的起因和影响，包括劳动生产率提高、农村工资上涨、机械化程度加深以及农场规模不断变化。本章特别强调提高农业劳动生产率对于持续开展农村扶贫工作的重要意义。

鉴于粮食体系复杂性加深，且粮食体系所处环境各不相同，面对亚太地区快速演变的粮食体系各类问题，第七章并未提出对策。恰恰相反，第七章通过具体案例介绍了不同利益相关方面对这些趋势的不同做法，并分析了这些做法的优缺点。各国之间以及各国内部不同区域的具体做法不同，各有其优缺点。所举案例涉及自然环境、营养、价值链和农民生计，但并未全面描述亚太地区的整体发展情况。当前许多行动计划正在开展，希望通过该章案例，读者能够对本书所述各类趋势的发展行动有一个基本的了解。

参考文献

FAO. 2018a. *AQUASTAT* [online]. http://www.fao.org/nr/water/aquastat/main/index.stm.

FAO. 2018b. *FAOSTAT* [online]. www.fao.org/faostat/.

FAO. 2018c. Food systems and value chains: definitions and characteristics. In: Production and Resources: Developing Sustainable Food Systems and Value Chains for Climate-Smart Agriculture [online]. http://www.fao.org/climate-smart-agriculture-sourcebook/production-resources/module-b10-value-chains/chapter-b10-2/en/.

Lowder, S.K., Skoet, J. & Singh, S. 2014. What do we really know about the number and distribution of farms and family farms in the world? ESA *Working Paper*, 14(2). (also available at http://www.fao.org/family-farming/detail/en/c/281544/).

Organisation for Economic Co-operation and Development (OECD). 2017. *Water risk hotspots for agriculture*. (also available at http://www.oecd-ilibrary.org/agriculture-and-food/ water-risk-hotspots-for-agriculture_9789264279551-en).

Portmann, F.T., Siebert, S. & Döll, P. 2010. MIRCA2000—Global monthly irrigated and rainfed crop areas around the year 2000: A new high-resolution data set for agricultural and hydrological modeling. *Global Biogeochemical Cycles*, 24(GB1011). https://doi.org/10.1029/2008GB003435.

World Bank. 2018. *World development indicators* [online]. https://data.worldbank.org/products/wdi.

第二章

亚太大趋势

2.1 经济增长

亚太地区各国收入水平各不相同，但与世界其他地区相比，过去几十年该地区经济增长总体较快。2000—2016年，亚太地区人均国内生产总值年均增长率为5%，而世界平均水平为2%。自21世纪初以来，亚太地区四个次区域中，东亚人均国内生产总值增长最为迅速，东南亚和南亚紧随其后（南亚已成为支撑持续快速增长的相对新生力量；见图2-1）。这种增长受到多种因素

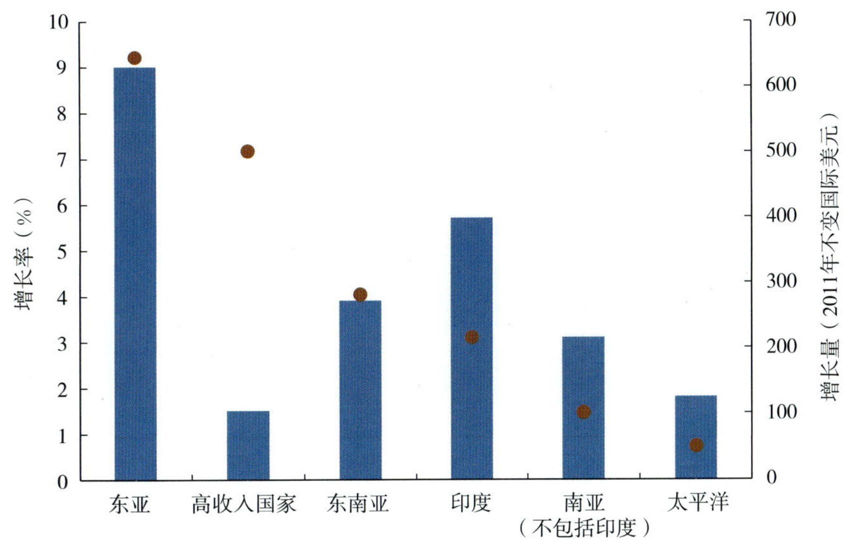

图2-1　2000—2015年亚太地区各次区域人均国内生产总值（购买力平价）绝对增长与增长率

资料来源：World Bank（2018）。

的驱动，包括鼓励投资的宏观经济政策保持稳定、社会政治相对稳定、劳动力教育程度较高且女性参与度较高、人口红利（劳动年龄人口比例激增）和城市化快速发展。

太平洋次区域经济增长落后，这对农业、贫困和营养产生了重要影响（见第四章插文2）。几乎所有太平洋国家经济增长都非常缓慢，该地区整体经济增长率低于2%（见图2-1）。

经济增长若能惠及贫困人口，将在扶贫以及改善粮食安全和营养方面发挥重要作用。在亚太地区大部分国家中，最贫困的20%人口收入快速增长，与最富裕的20%人口收入增速大致相当（见图2-2部分国家数据）。世界银行对11个亚洲国家进行研究分析后发现，各案例中底层40%人口的收入均有所增长（World Bank，2016a）。也就是说，贫困人口正在从经济增长中获益。大范围的经济增长使得极端贫困率广泛下降。事实上，自1990年以来，全球极端贫困率降低的主要原因就是亚太地区极端贫困状况得以改善（World Bank，2016a）。

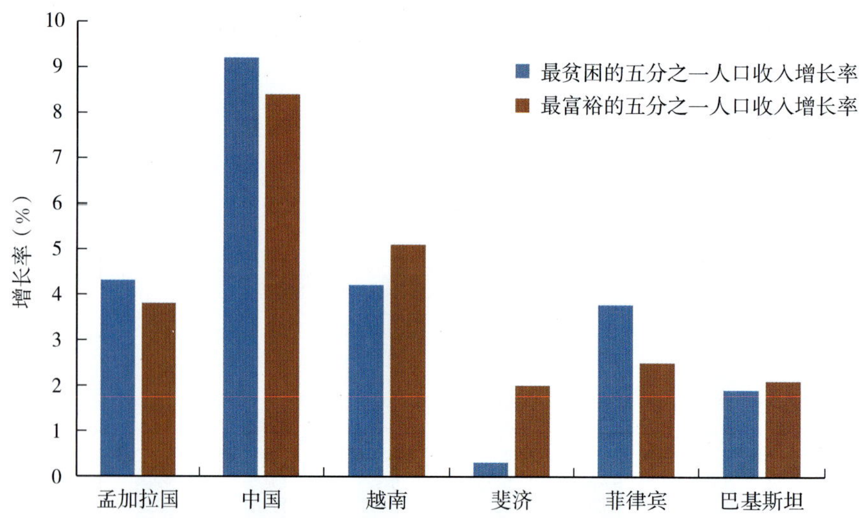

图2-2　2000—2014年最贫困和最富裕的五分之一人口收入年均增长率

资料来源：World Bank（2018）。

注：各国统计起止年份为孟加拉国（2000—2010年）、中国（2008—2012年）、越南（2002—2014年）、斐济（2002—2008年）、菲律宾（2000—2012年）、巴基斯坦（2001—2013年）。

2.2 不平等问题

在此研究的11个亚洲国家中，2008—2013年有9个国家底层40%人口的收入增速大于全体人口的收入增速（World Bank，2016a）。基尼系数是衡量不平等问题的常用指标。在东亚和太平洋次区域，基尼系数未随时间推移而发生实质性变化，而在南亚，基尼系数逐年增加（World Bank，2016a）。从以上指标来看，不平等问题似乎没有明显加剧。

但是，恒定的基尼系数可能会对正确理解大部分新增收入的分配方式产生误导①。事实上，亚太各国的收入增长大多集中在收入分配的上层（图2-3所示国家的红柱高于蓝柱）。各国都有类似现象。虽然亚太地区高收入国家收入增速缓慢，但其绝对增长（按美元或人均购买力平价美元计算）大于其他所有地区（东亚除外），因为高收入国家虽然增速较低，但收入基数巨大（图2-1圆点）。因此，尽管亚太地区高收入国家收入增速较慢，但实际上该地区发达国家和发展中国家间的绝对收入差距正在扩大。

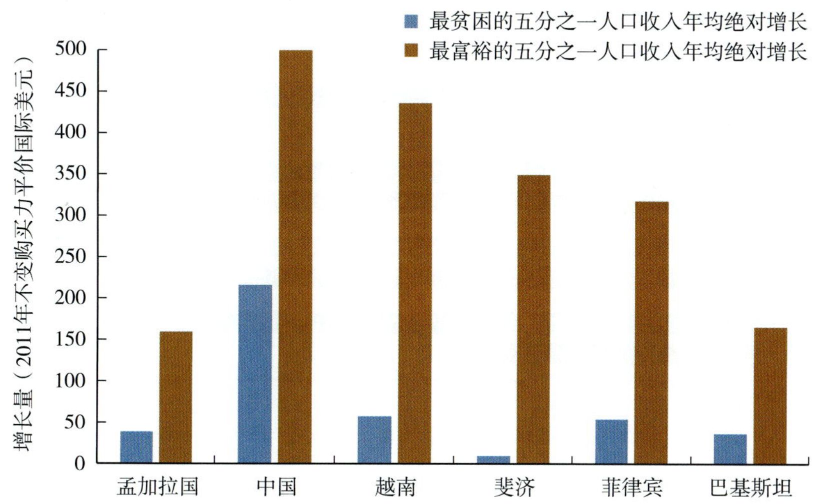

图2-3 2000—2014年最贫困和最富裕的五分之一人口收入年均绝对增长

资料来源：World Bank（2018）。

注：各国统计起止年份与图2-2所示相同。纵轴仅截取至500国际美元以清晰显示所有国家数据，中国最富裕的五分之一人口收入年均绝对增长实际为1 805国际美元。

① 恒定的基尼系数意味着所有人的收入增速相同。假设两个人的收入分别为1 000美元和100美元，两人总收入增加了220美元，则其中200美元归较高收入者，20美元归较低收入者。如果用基尼系数来衡量不平等水平，即使较高收入者获得了新增收入的91%，不平等水平也将被视为恒定不变。这是因为较高收入者的起始收入也占91%。因此，恒定的基尼系数并不意味着新增收入的平等分配。

总体而言，收入分配不平等问题十分严峻。在许多国家，最贫困的10%人口收入占总收入的比例不到3%。世界各主要地区中，中东地区收入分配极度不平等（Alvaredo等，2018），而目前印度最富裕的10%人口收入约占国民收入的55%，不平等程度几乎与中东地区相当。

不平等问题也体现在性别方面。例如，在亚太地区部分国家，特别是南亚和太平洋地区（图2-4所示两个较短红柱），成年（15岁及以上）男性和女性识字率差距十分显著。促进性别平等是一个重要目标，而且对于改善营养也具有重要意义。多份研究表明，不考虑收入因素影响，产妇教育水平是儿童发育不良的一个重要决定因素（Cunningham等，2017；Headey等，2015；Headey和Hoddinott，2016；Headey，Hoddinott和Park，2017；Nisbett等，2017a、2017b；O'Donnell，Nicolás和Van Doorslaer，2007；Raju和D'Souza，2017；Zanello，Srinivasan和Shankar，2016），所以教育水平差距严重影响着营养状况。不过，这种情况在年轻一代中已有所改善，15～24岁青年女性与男性识字率差距明显较小（图2-4所示蓝柱均较高）。例如，目前孟加拉国青年女性识字率略高于青年男性。然而，南亚其他国家男女识字率仍有很大差距，甚至在青年中也是如此。

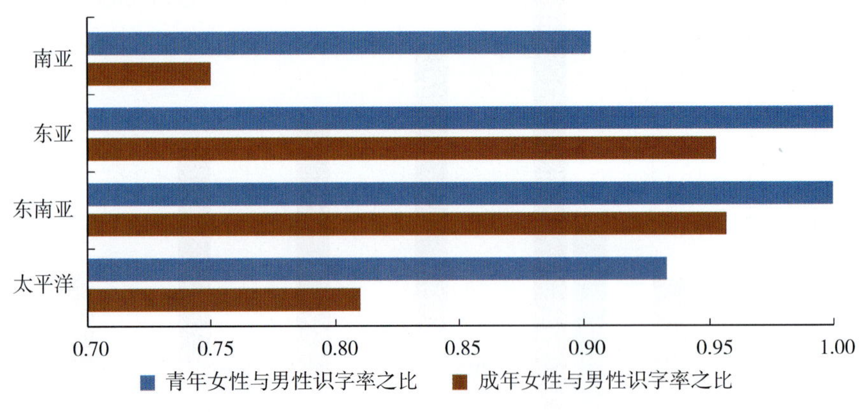

图2-4　成年和青年女性与男性识字率之比

资料来源：World Bank（2018）。

注：成年人是指15岁及以上人群。青年是指15～24岁人群。

除了提高识字率，为女性赋权从而使其掌握家庭财务资源也会对儿童营养状况带来正面影响，因为当女性提升支出决策话语权时，膳食多样性往往也会随之改善（FAO，2011a）。因此，提高女性社会地位与促进儿童粮食安全紧密相关（Guha-Khasnobis，2016）。而且，家庭暴力发生率更高的家庭更可能出现儿童营养不良问题，因此，需要从多个方面促进女性赋权。

此外，南亚地区实证数据显示，女性在家庭内部食品分配方面遭受歧视（Harris-Fry等，2017）。与撒哈拉以南非洲地区的女性相比，印度的孕妇更有可能体重不足（Coffey，2015）。女性地位低下是导致女性和儿童营养状况不佳的重要因素（Mehrotra，2006；Mukherjee，2009；Smith等，2003）。事实上，南亚地区营养不良发生率如此之高的原因之一是许多婴儿在出生时是小于胎龄儿，而这在很大程度上取决于母亲的营养状况（Christian等，2013；Katz等，2013）。

亚太地区女性赋权情况各不相同。东亚和太平洋地区的性别发展指数非常高，在发展中地区中仅次于拉丁美洲和加勒比地区。然而，在发展中国家中，南亚地区的性别发展指数是最低的。

农业中妇女赋权指数所示结果与性别发展指数相一致。全球共有13个国家拥有农业中妇女赋权指数得分（Malapit等，2014），其中最高分来自东南亚国家（柬埔寨，0.98），最低分来自南亚国家（孟加拉国，0.66）。尼泊尔的得分（0.80）高于孟加拉国，但远低于柬埔寨（以上三个国家仅为东南亚或南亚的案例；太平洋地区数据不详）。

除了收入和性别方面的不平等问题之外，各地区还各自面临着其他不平等问题。例如，农村的贫困和发育迟缓发生率均高于城市。在东亚、太平洋和南亚，超过75%的贫困人口生活在农村（World Bank，2016a），其农村的发育迟缓发生率均高于城市（图2-5）。然而，城市的发育迟缓问题也很严峻，政府理应予以重视，认真研究城市和农村发育迟缓问题的不同背景。例如，由于人口密度较高，疾病容易传播，卫生设施对于城市特别是贫民区来说可能更加重要。此外，城市贫困人口所占比例正在上升。1990—2008年，亚太地区部分国家城市贫困人口有所增加（ADB，2014）。

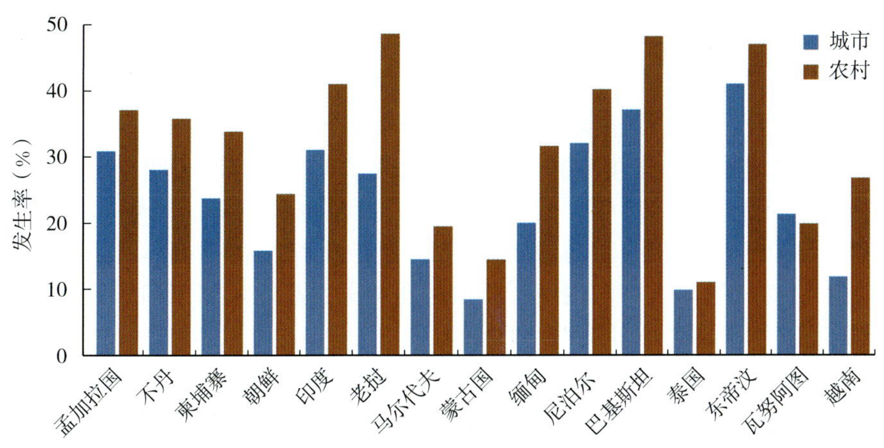

图2-5　城市和农村发育迟缓发生率

资料来源：WHO（2018）。

2.3 人口增长与结构变化

尽管人口增长在放缓，但亚太地区和全世界大多数国家的人口仍呈正增长。根据联合国中位预测变量，预计2030年全球人口将达86亿，2050年人口将增至98亿（图2-6）①。人口持续增长会对粮食需求产生重要影响——据FAO（2017）估计，2013—2050年，全球粮食将需增产50%以上。因此，亚洲和全球的人口增长都十分关键，因为其他地区的人口增长将牵动全球粮食市场需求，并对亚洲的进口汇票和出口收益产生影响。持续的人口增长（和经济增长）也给粮食生产带来新的自然资源压力，本书第三章将围绕相关趋势展开论述。

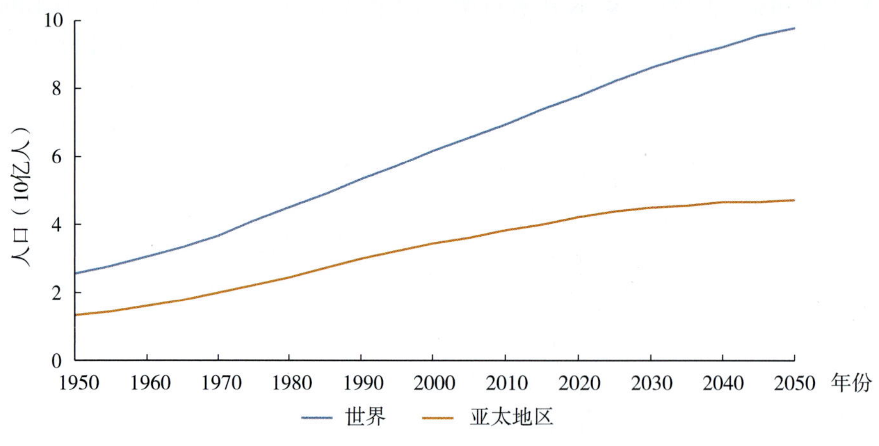

图2-6 1950—2050年人口变化与趋势

资料来源：UNDESA（2017）。

经济增长推动人口结构转型：人口出生率和死亡率均由高变低。亚太地区所有次区域的人口出生率和死亡率都出现了下降。预测表明，出生率下降趋势将至少持续到2050年，同时，青年人口比例将下降，老年人比例将上升。到2030年，亚太地区高收入国家的老年抚养比将是45%，东亚是25%（图2-7）。该比率与人均国内生产总值呈正相关：高收入国家和东亚领先，东南亚紧随其后，其次是南亚和太平洋地区。

人口老龄化对城乡地区均有影响，且与农业、医疗保健体系和保障计划紧密相关。人口老龄化其中一个特征是农业劳动力的老龄化，这在发达国家最

① 该预测的95%置信区间为2030年达到84亿～87亿，2050年达到94亿～102亿。

为突出，在中等收入国家也日益明显。年轻人从农村到城市就业，使农业劳动力老龄化进一步加快。本书第六章将对农业劳动力的老龄化及其对生产系统的影响进行详细阐述。

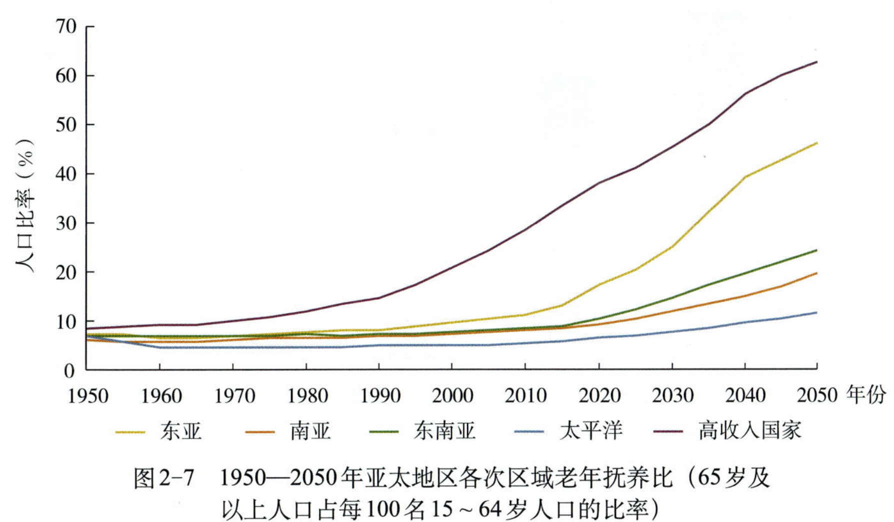

图2-7　1950—2050年亚太地区各次区域老年抚养比（65岁及以上人口占每100名15～64岁人口的比率）

资料来源：UNDESA（2015）。

2.4　城市化、移徙与汇款

全球城市化率已超过50%[①]，很快亚太地区也将超过这一水平。目前，亚太地区有19亿城市人口，到2030年这一数字将增至25亿，占全球城市人口的一半。经济增长会促进城市化，城市化也有利于经济增长（Spence，2009），因为城市内部（通常也包括外部）交通成本很低，并会产生知识溢出效应（即人们在生活和工作地点相近时更容易相互学习）。

在亚太地区（以及世界范围内），城市化与收入水平密切相关——在人均国内生产总值较高的次区域，城市化水平也更高（图2-8）。展望未来，预计所有亚太国家都将实现城市化。虽然世界上大多数特大城市都位于亚洲，但城市远不止是大型的国家首都。城市人口分布在各式各样的特大城市、大城市、中等规模城市及小城市，这些城市各具特色，并与农村地区产生不同的联系（FAO，2017）。城市空间的扩张会对保障农业生产的自然资源产生影响（见第

① 城市的定义各国采用了不同标准，且国家之间往往差别很大。大致来说，许多国家将人口规模大于某一最低值的行政单位定义为城市，这一最低值通常在2 000～5 000人（Deuskar，2015）。

三章）。城市化也与饮食和肥胖问题（见第四章）以及价值链密切相关，这意味着需要将更多食品运送到城市地区。

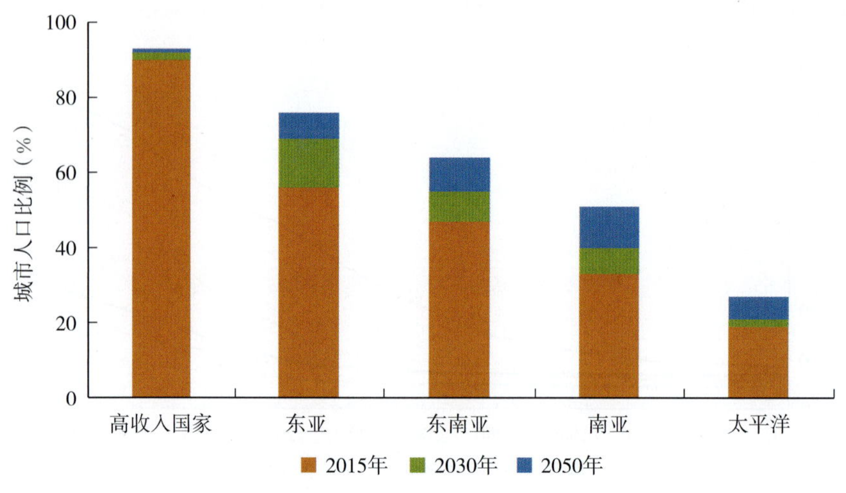

图2-8 城市人口比例（当前和预计）

资料来源：FAO（2018）。

在高收入国家以及东亚，农村人口的绝对值多年以来持续下降（图2-9）。在东南亚，农村人口在2013年达到最高峰。南亚的情况则有所不同，农村人口仍在增加，预计2030年左右达到峰值，随后出现下降。然而，预计在2050年之前太平洋地区农村人口仍将增加。因此，未来20年，不同国家农村劳动力供应情况将出现显著差异，这将对农村工资水平、劳动力供应、农业机械化和农场规模产生重大影响（见第六章）。

在寻求工作方面，年轻人比老年人更倾向于向城市地区移徙。因此，相对于50岁及以上的人群来说，处于黄金工作年龄（此处指15～49岁）的群体更有可能在城市居住。所有亚太国家中，无论是高收入国家还是低收入国家，城市地区黄金工作年龄人口与非黄金工作年龄人口之比都高于农村地区（图2-10）。相反，农村地区青少年（14岁及以下）和老年人（50岁及以上）所占比例均高于城市地区。

在发展问题上，许多观点认为男性从农村到城市寻求就业导致了农村的女性化，进而带来农业的女性化（World Bank，2016b）。数据表明，在亚太地区，该现象主要集中在南亚次区域。

在东亚、东南亚和太平洋次区域21个国家中的17个国家，其城市地区处于黄金工作年龄（15～49岁）的女性比例高于农村地区（如图2-11所示部分国家情况。蓝柱表示城市地区，红柱表示农村地区，蓝柱通常高于红柱）。仅有的例外是中国（城乡性别比差异较小）、东帝汶、所罗门群岛和瓦努阿图。相比之下，在有数据显示的9个南亚国家中，有8个国家的农村地区女性比例高于城市地区，且尼泊尔、孟加拉国和巴基斯坦的城乡性别比差异较大（仅马尔代夫例外）。第六章将就上述趋势对农业劳动力性别构成的影响展开论述。

从农村到城市的永久性移徙并非唯一的移徙类型。虽然数据有限，但农村到农村的移徙也很常见，季节性移徙也是如此，即农民在非农忙季节进城做临时工（通常为基建工人），而后在收获和播种的农忙季节再回到农村。这种流动有助于缓解农业的季节性劳动力短缺，所产生的汇款也可用于投资农业和营养领域（见第六章）。

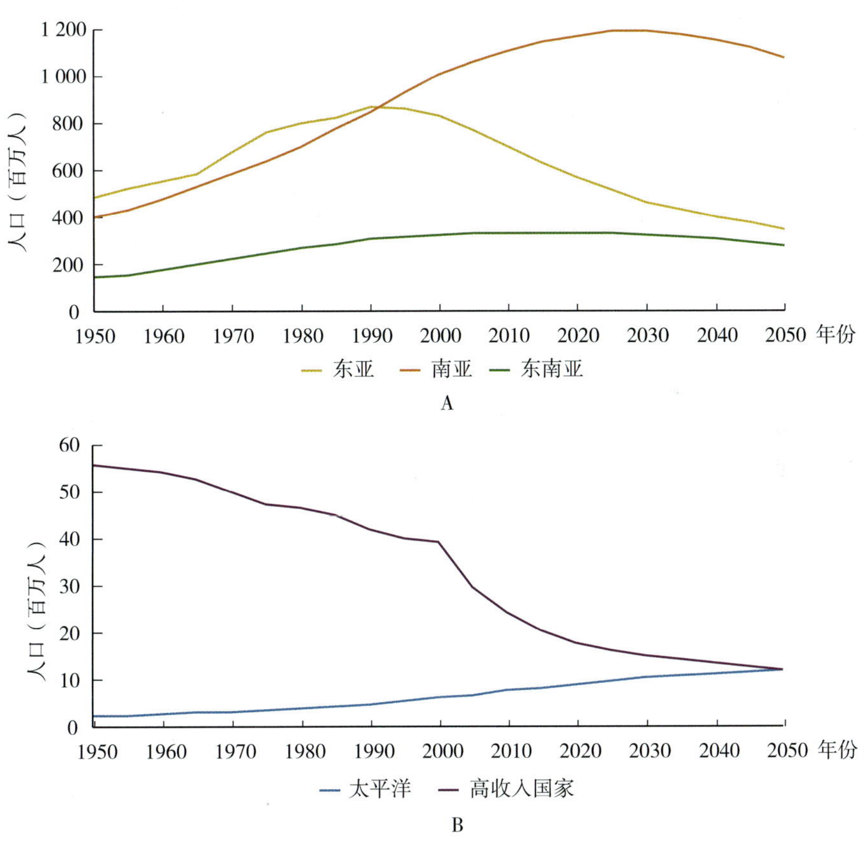

图2-9 1950—2050年亚太地区各次区域农村人口

A.东亚、南亚及东南亚次区域情况 B.太平洋及高收入国家次区域情况

资料来源：FAO（2018）。

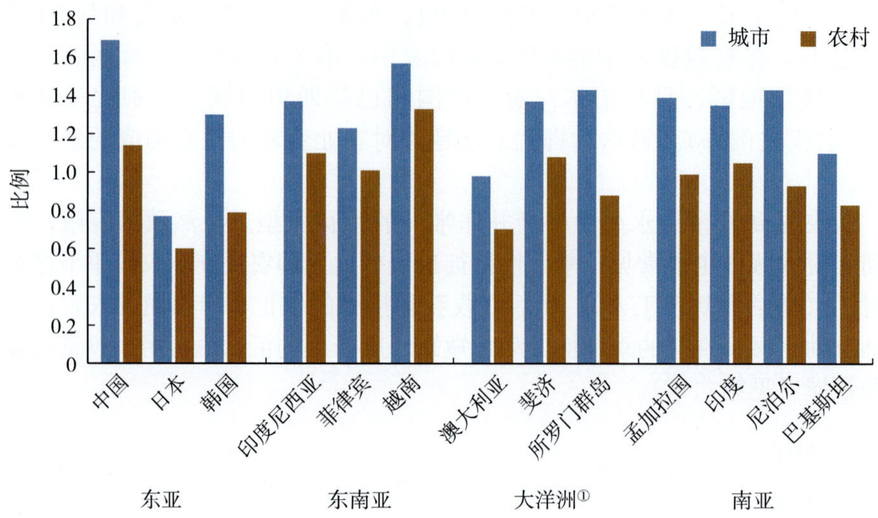

图2-10　黄金工作年龄（15～49岁）人口与非黄金工作年龄人口之比

资料来源：UNDESA（2017）。

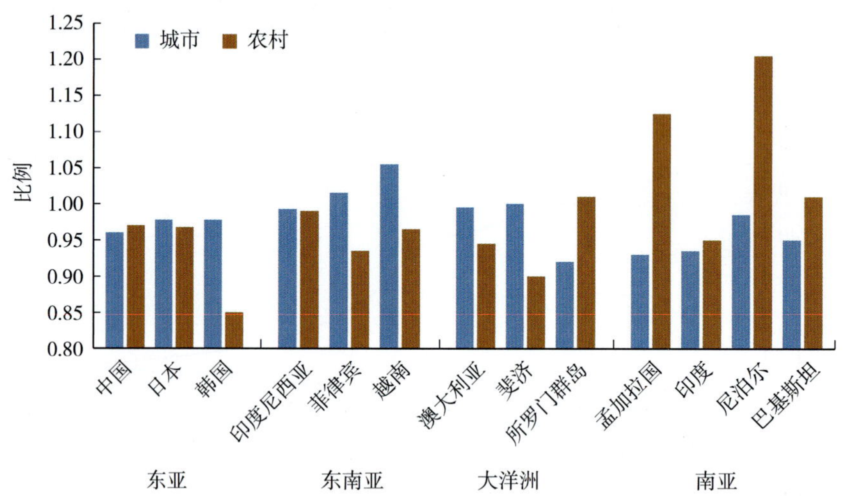

图2-11　部分国家城市和农村地区15～49岁年龄段人口性别比例

资料来源：UNDESA（2017）。

① 本书中，大洋洲是澳大利亚、新西兰和太平洋岛国的总称，包括全部有数据的国家。

2.5　全球化与国际贸易

与世界上大多数地方一样，亚太地区正在经历经济、社会和政治全球化（Gygli，Haelg和Sturm，2018）。在全球化进程中，移徙、旅游、贸易、通信及其他活动加速推进，将来自不同文化背景的人们联系在一起。这种联系影响着人们的食品偏好和饮食习惯（见第四章），也影响着生产系统的劳动力供应（见第六章）。

同时，海外移徙的重要性日益提高，且形式多样。一方面，大量移徙者迁至高收入国家（迁往经合组织国家或近东地区），另一方面，四分之一的东亚移徙者和三分之一的南亚移徙者已迁往其他低收入或中等收入国家。虽然男性移徙者多于女性，但总体上差异不大。大多数移徙者从事技能水平较低的工作，但在迁往经合组织国家的移徙者中有三分之一拥有高等教育学历。总体来看，亚太地区共有近7 000万国际移徙者，略低于该地区总人口的2%（World Bank，2016c）。

虽然印度和中国接收的汇款数额最多，但尼泊尔和许多太平洋岛国对汇款的依赖程度要高得多（尼泊尔接收汇款占国内生产总值的29%，汤加、萨摩亚、马绍尔群岛和图瓦卢接收汇款占各自国内生产总值的11%～28%不等）。2014年，菲律宾、巴基斯坦、孟加拉国、印度尼西亚和越南均位列汇款接收国的前15名，其中菲律宾接收汇款占国内生产总值的10%。在亚太地区，汇款是许多家庭重要的生计来源，移徙者群体可为粮食生产提供关键的资金，有时也可提供技术。然而，国际移徙也可能为家庭和社会带来负面影响，而且政府对农村地区公共产品投资不足往往是造成移徙的原因。汇款也可能降低留守人员的劳动积极性，因为他们已经习惯了坐享其成。

全球化的另一个特点体现在粮食贸易的增长。20世纪90年代，亚太地区国际粮食贸易增长相对缓慢，但在2002/2004—2014/2016年，亚洲三个次区域按通货膨胀调整后的国际粮食贸易额均增长了两倍多，在太平洋次区域，这一数字增长了67%（图2-12）。自由贸易协定以及基础设施投资和创新提高了货物运输效率，促进了贸易增长。贸易增长提高了全球粮食生产效率，并为农民和价值链提供了出口机会，但相应地，对农民（以及价值链）来说，提高自身竞争力以应对进口产品的竞争变得愈加重要。

通过对农业生产和价值链进行提高生产水平的投资，或通过提高进口关税，可以提升自身应对进口的竞争力。关税可以促进新技术被采纳，有助于各国管理国际市场的价格波动（Dawe和Timmer，2012），但这种方法也有弊端，尤其是在进口壁垒长期高筑的情况下。粮食价格持续走高往往会损害贫困人口的利益（FAO，2011b），并削弱人们对健康膳食的负担能力，降低营养水平（见第四章），即使在价格阶段性走高的情况下也是如此（Block等，2004；D'Souza和Jolliffe，2010）。

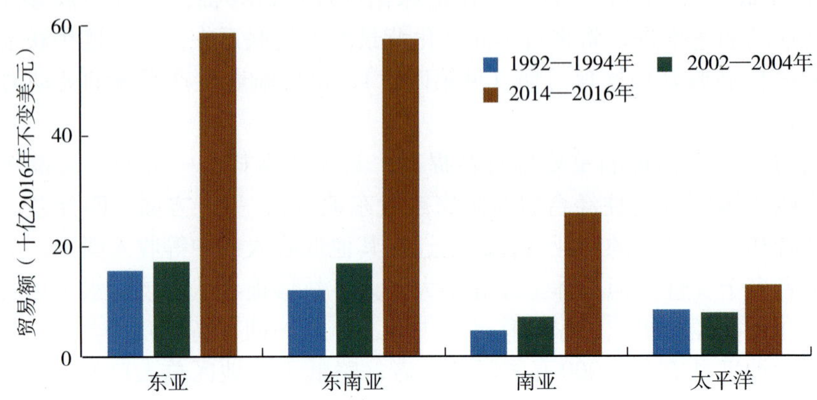

图2-12　按通货膨胀调整后的年均国际粮食贸易额

资料来源：FAO（2018）。

注：太平洋国家数据以亿美元为单位统计。

贸易增长可为各国提供从水土资源更加丰富的地区进口粮食的机会，但同时也加速了对环境的过度开发和利用，尤其是在出口国为过度开发利用自然资源提供补贴的情况下（见第三章）。

尽管国际贸易增长迅速，但需注意，国内贸易通常比国际贸易重要得多。对亚太地区几乎所有低收入和中等收入国家来说，超过85%的膳食能量由国内生产提供，而非通过进口（少数岛屿、半岛和内陆国家除外）。无论供应渠道如何，国内和国际贸易的增长都需要进一步提升价值链，并扩大对食品安全的投资（见第五章）。

2.6　结构转型

除了对人口死亡率和出生率（二者共同促成人口结构转型）以及膳食的影响（见第四章），经济增长和城市化也增大了人们对非食品产品的消费需求，这些产品包括消费类电子产品（收音机、电视机、手机）、教育产品、健康产品、娱乐产品以及更便捷的交通工具（摩托车、汽车）等。消费者对食品的需求在一定程度上是有限的，而对非食品产品的需求可以是无限的，从而创造了更多在此类生产企业工作的就业机会。

为了满足消费者对非食品产品日益增长的需求，除农业之外的其他各领域将以更快的速度增长（图2-13），其对经济的重要性也将更加凸显，而农业所占比重则会下降（图2-14）[①]。然而，农业的相对重要性下降并不代表该产业的倒退。发展中国家的农业（在粮食需求上涨的推动下）持续增长，只是增速不及工业和服务业（图2-14）。应当注意，在一些高收入国家（主要是日本），农业正在萎缩，但在其他大多数高收入国家，农业持续增长。此外，太平洋地区的农业虽然呈正增长，但增速比东亚、东南亚和南亚要慢得多（见第四章插文2）。

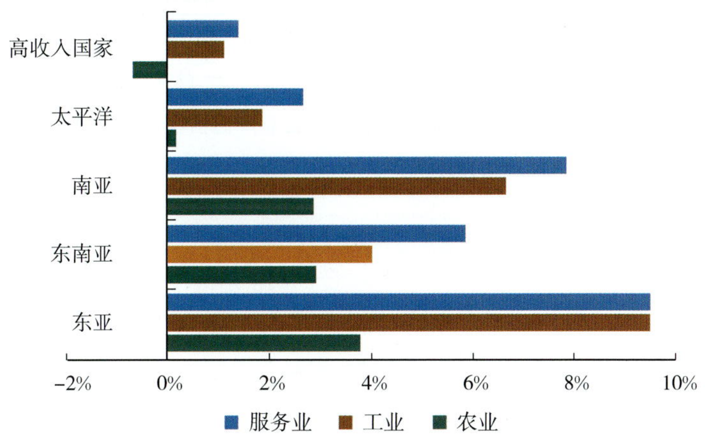

图2-13　2000—2016年农业、工业和服务业增加值（国内生产总值）年均增长率

资料来源：World Bank（2018）。

对于低收入国家来说，无论在任何特定次区域、任何特定时间点，农业劳动力占总劳动力的比重都远远大于农业产值占国内生产总值的比重（Timmer，2018）。例如，2016年南亚的农业劳动力占总劳动力的比重为44%，而农业产值占国内生产总值的比重仅为18%（图2-15）。说到底，农业劳动力数量众多，而农业增加值微乎其微。这种状况表明，农业与其他产业之间存在生产水平差距——农业劳动生产率（人均增加值）低于其他经济领域的劳动生产率[②]。

---

① 从理论上讲，这种消费需求仅适用于全球范围的整体概念。全世界对于非食品产品的消费需求可能由一小部分国家来满足，而其他国家在逐渐走向富裕的同时，农业仍是其国民经济的主导产业。实际上，即使是像荷兰和丹麦这样的农业强国，在经济发展过程中，这种情况也从未出现。换言之，消费需求的变化使得所有经济体都迎来结构转型，即农业产值占国内生产总值比重和农业劳动力占总劳动力比重均有下降，工业和服务业比重相应增加。

② McCullough（2017）指出，在非洲地区，如果考虑到人们每天务农时间较短，则农业与其他产业之间的生产水平差距会缩小一半。亚太地区此方面系统性数据不详。

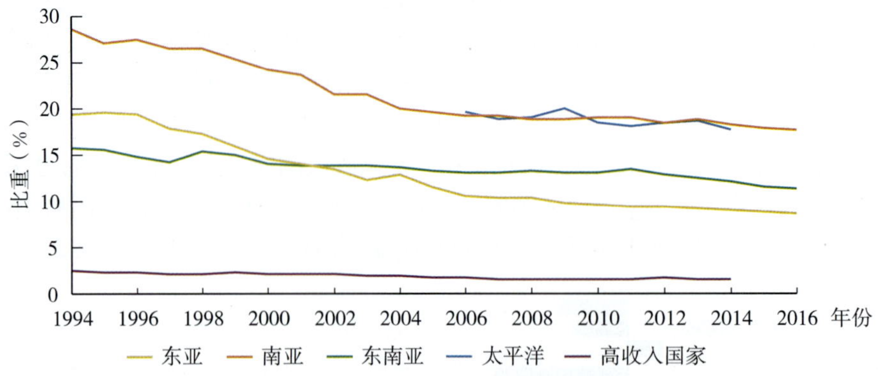

图2-14　1994—2016年亚太地区各次区域农业产值占国内生产总值的比重

资料来源：World Bank（2018）。

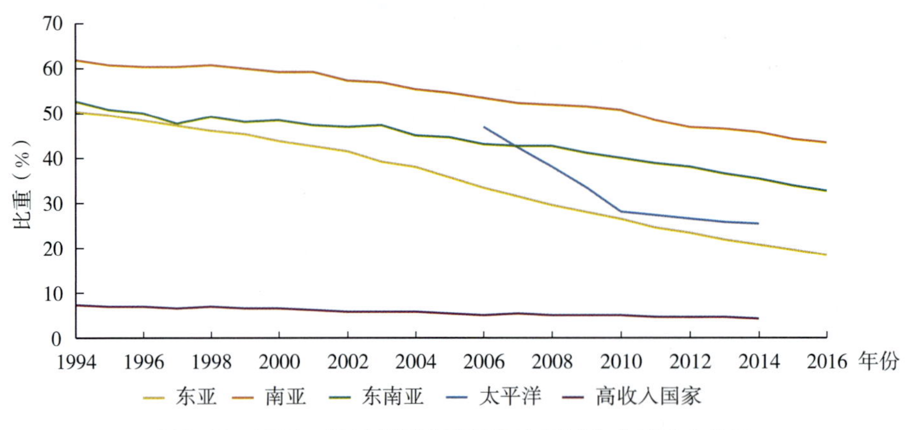

图2-15　1994—2016年亚太地区各次区域农业劳动力比重

资料来源：World Bank（2018）。

农业与其他经济领域存在生产水平差距，再加上一年中部分时间受季节影响，实际务农时间较短，促使农民将更多时间投入到城乡地区的非农经济领域。劳动力从农业退出，进入迅速发展的非农经济领域，有助于缩小不同产业之间的劳动生产率差距，尽管这种转变可能是由拉力或推力促成的(Christiaensen，Demery和Kuhl，2011)。通常在农村地区，尤其是农业领域，劳动生产率（人均增加值）的提升过程（如工资上涨、机械化、农村非农收入的增长）对于打造更具包容性的社会至关重要，本书第六章将以农业（和农村）转型为背景对此进一步展开讨论。

在一定程度上，从农业就业向工业或现代服务业就业的转移将成为一个经济增长点（Timmer，2018）。这种转移不仅促进经济增长，还可以在扶贫、妇女赋权甚至农业发展中发挥关键作用。例如，在孟加拉国和柬埔寨，服装产业提供的非农就业增加了贫困人口的收入（Hossain，2011；World Bank，2016a）。此外，由于服装产业大多雇用女性，因此，该产业增强了女性赋权（Hossain，2011），且有助于改善营养状况（然而，如果就业导致女性照顾儿童的时间减少，也可能产生负面影响）。最后，在城市就业可以为农村地区提供汇款，从而投资于农业发展（Mejía-Mantilla和Woldemichael，2017；Rozelle，Taylor和DeBrauw，1999；见第六章）。

除了对非食品产品的消费增加之外，消费者也热衷购买更加优质的食品，这类食品不仅能够提供膳食能量，也有其他方面的优点（例如口感美味、食用方便、彰显身份、营养丰富、设计新颖）。本书第四章将对其中一些饮食趋势进行介绍。此类消费需求随着人们收入的增加而上升，因此，随着经济增长，农业企业增加值占农业增加值的比重往往会上升（图2-16）。农业企业对于农业的重要性不断增大，影响着连接食品生产和零售环节的价值链的发展，本书第五章将就此展开讨论。

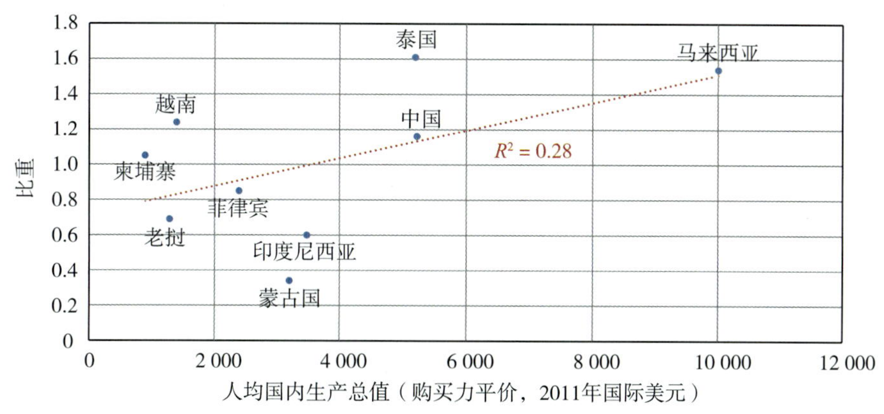

图2-16 2011年农业企业增加值占农业增加值的比重

资料来源：全球贸易分析模型（2018）。

食品和饮料制造业等农业企业的发展也提供了非农就业岗位。亚太地区国家数据显示，食品和饮料行业占制造业增加值的比重略高于其占制造业就业的比重（如图2-17所示大部分圆点都位于45°线以下），这表明，平均而言，食品和饮料制造业在提供就业方面并不比其他领域制造业表现更好。不过，这种差异并不显著，且对于不再从事农业的人群来说，食品和饮料制造业已经成为重要的就业来源。

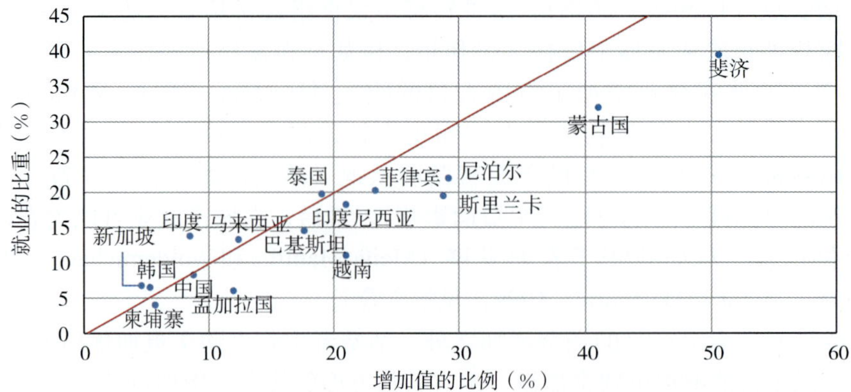

图2-17 亚太地区国家食品和饮料行业占制造业就业的比重和增加值的比重

资料来源：FAO（2017a）。

注：图中斜线为45°线。

2.7 小结

几十年来，亚太地区经济总体持续增长。然而，收入不平等也在加剧，导致减贫方面进展缓慢。在教育等领域，性别不平等现象有所减少，但仍任重道远。经济增长导致人口结构转型——人口出生率下降、增长放缓（但仍呈正增长）以及老龄化问题凸显。

随着农村人口向城市的移徙以及城市的扩张，亚太大部分地区城市化发展迅猛。在世界其他地区，得益于经济增长以及交通和通信基础设施的开发和创新，全球化和国际贸易水平进一步提升。在发生这些变化的同时，经济增长推动亚太地区经济结构转型，农业相对于工业和服务业的重要性有所下降。尽管如此，农业仍呈增长态势，农业企业也在不断发展壮大。

参考文献

Alvaredo, F., Chancel, L., Piketty, T., Saez, E. & Zucman, G. 2018.World inequality report 2018.(also available at https://wir2018.wid.world/).

Asian Development Bank (ADB). 2014. *Urban poverty in Asia*. (also available at http://hdl.handle.net/11540/3310).

Block, S.A., Kiess, L., Webb, P., Kosen, S., Moench-Pfanner, R., Bloem, M. & Timmer, P. 2004. Macro shocks and micro outcomes: child nutrition during Indonesia's crisis. *Economics* *and Human Biology*, 2: 21–44. https://doi.org/10.1016/j.ehb.2003.12.007.

Center for Global Trade Analysis.2018. *Global Trade Analysis Project (GTAP)* [online]. https://www.gtap.agecon.purdue.edu/.

Christiaensen, L., Demery, L. & Kuhl, J. 2011.The (evolving) role of agriculture in poverty reduction - an empirical perspective. *Journal of Development Economics*, 96(2):239–254. https://doi.org/10.1016/j.jdeveco.2010.10.006.

Christian, P., Lee, S.E., Angel, M.D., Adair, L.S., Arifeen, S.E., Ashorn, P., Barros, F.C., Fall, C.H.D., Fawzi, W.W., Hao, W., Hu, G., Humphrey, J.H., Huybregts, L., Joglekar, C. V., Kariuki, S.K., Kolsteren, P., Krishnaveni, G. V., Liu, E., Martorell, R., Osrin, D., Persson, L.A., Ramakrishnan, U., Richter, L., Roberfroid, D., Sania, A., Kuile, F.O.T., Tielsch, J., Victora, C.G., Yajnik, C.S., Yan, H., Zeng, L. & Black, R.E. 2013. Risk of childhood undernutrition related to small-for-gestational age and preterm birth in low- and middle-income countries. *International Journal of Epidemiology*, 42(5):1340–1355. https://doi.org/10.1093/ije/dyt109.

Coffey, D. 2015. Pregancy body mass and weight gain during pregnancy in India and sub-Saharan Africa. *PNAS*, 112(11):3302–3307. https://doi.org/10.1073/pnas.1416964112.

Cunningham, K., Headey, D., Singh, A., Karmacharya, C. & Rana, P.P. 2017. Maternal and child nutrition in Nepal: Examining drivers of progress from the mid-1990s to 2010s. *Global Food Security*, 13:30–37. https://doi.org/10.1016/j.gfs.2017.02.001.

D'Souza, A. & Jolliffe D. 2010. Rising food prices and coping strategies: Household-level evidence from Afghanistan. *The World Bank Policy Research Working Paper No. 5466*. (also available at http://documents.worldbank.org/curated/en/488541467989994718/ Rising-food-prices-and-coping-strategies-household-level-evidence-from-Afghanistan).

Dawe, D. & Timmer, P. 2012. Why stable food prices are a good thing: Lessons from stabilizing rice prices in Asia. *Global Food Security*, 1(2):127–133. https://doi.org/10.1016/j.gfs.2012.09.001.

Deuskar, C. 2015. What does "urban" mean? (also available at http://blogs.worldbank.org/sustainablecities/what-does-urban-mean).

FAO. 2011a. *The state of food and agriculture 2010–2011*. (also available at http://www.fao. org/docrep/013/i2050e/i2050e.pdf).

FAO. 2011b. The state of food insecurity in the world: How does international price volatility affect domestic economies and food security? (also available at http://www.fao.org/ docrep/014/i2330e/i2330e00.htm).

FAO. 2017. The state of food and agriculture: Leveraging food systems for inclusive rural transformation. (also available at http://www.fao.org/publications/sofa/en/).

FAO. 2018. *FAOSTAT* [online]. www.fao.org/faostat/.

Guha-Khasnobis, B. 2016. Women's status and children's food security in Pakistan. *UNU-WIDER Discussion Paper*, 3(38):45–66. https://doi.org/10.1093/acprof.

Gygli, S., Haelg, F. & Sturm, J.-E. 2018. The KOF globalisation index – revisited. *KOF Working Papers*. https://doi.org/10.3929/ethz-b-000238666.

Harris-Fry, H., Shrestha, N., Costello, A. & Saville, N.M. 2017. Determinants of intra-household food allocation between adults in South Asia – a systematic review. *International Journal for Equity in Health*, 16(1). https://doi.org/10.1186/s12939-017-0603-1.

Headey, D., Hoddinott, J., Ali, D., Tesfaye, R. & Dereje, M. 2015. The other Asian enigma: Explaining the rapid reduction of undernutrition in Bangladesh. *World Development*, 66:749–761. https://doi.org/10.106/j.worlddev.2014.09.022.

Headey, D., Hoddinott, J. & Park, S. 2017. Accounting for nutritional changes in six success stories: A regression-decomposition approach. *Global Food Security*, 13:12–20. https://doi.org/10.1016/j.gfs.2017.02.003.

Headey, D.D. & Hoddinott, J. 2016. Agriculture, nutrition and the green revolution in Bangladesh. *Agricultural Systems*, 149:122–131. https://doi.org/10.1016/j.agsy.2016.09.001

Hossain, N. 2011. Background paper – Exports, equity and empowerment: The effects of readymade garments manufacturing. *World development report 2012* – Gender equality and development. (also available at http://hdl.handle.net/10986/9100).

Katz, J., Lee, A.C., Kozuki, N., Lawn, J.E., Cousens, S., Blencowe, H., Ezzati, M., Bhutta, Z.A. & Marchant, T. 2013. Mortality risk in preterm and smal-for-gestational-age infants in low-income and middle-income countries: a pooled country analysis. *The Lancet*, 382(9890):417–425. https://doi.org/10.1016/S0140-6736(13)60993-9.

Malapit, H.J., Sproule, K., Kovarik, C., Meinzen-Dick, R., Quisumbing, A., Ramzan, F., Hogue, E. & Alkire, S. 2014. Women's empowerment in agriculture index: Baseline report. *Measuring progress toward empowerment*. (also available at http://www.ifpri.org/publication/measuring-progress-toward-empowerment?).

McCullough, E.B. 2017. Labor productivity and employment gaps in Sub-Saharan Africa. *Food Policy*, 67:133–152. https://doi.org/10.1016/j.foodpol.2016.09.013.

Mehrotra, S. 2006. Child malnutrition and gender discrimination in South Asia. *Economic and Political Weekly*, 41(10):912–918. https://doi.org/10.2307/4417941.

Mejía-Mantilla, C. & Woldemichael, M.T. 2017. To sew or not to sew? Assessing the welfare effects of the garment industry in Cambodia. *The World Bank Policy Research Working Paper No. 8061*. (also available at http://documents.worldbank.org/curated/ en/700631494941118323/To-sew-or-not-to-sew-assessing-the-welfare-effects-of-the-garment- industry-in-Cambodia).

Mukherjee, A. 2009. Eight food insecurities faced by women and girl children: four steps that could make a difference, with secial reference to South Asia. Kathmandu, UNESCAP. http://www.un-csam.org/publication/8FoodInsecu.pdf.

Nisbett, N., Bold, M. van den, Menon, S.G., Davis, P., Roopnaraine, T., Kampman, H., Kohli, N., Singh, A., Warren, A. & the Stories of Change Study Team. 2017a. Community- level perceptions of drivers of change in nutrition: Evidence from South Asia and sub-Saharan Africa. *Global Food Security*, 13:74–82. https://doi.org/10.1016/j.gfs.2017.01.006.

Nisbett, N., Davis, P., Yosef, S. & Akhtar, N. 2017b. Bangladesh's story of change in nutrition: Strong improvements in basic and underlying determinants with an unfinished agenda for direct community level support. *Global Food Security*, 13:21–29. https://doi. org/10.1016/j.gfs.2017.01.005.

O'Donnell, O., Nicolás, Á.L. & Van Doorslaer, E. 2007. Growing richer and taller: Explaining change in the distribution of child nutritional status during Vietnam's economic boom. *Tinbergen Institute Discussion Paper TI 2007–008/3*. https://doi.org/10.2139/ ssrn.957786.

Raju, D. & D'Souza, R. 2017. Child undernutrition in Pakistan: What do we know? *World Bank Policy Research Working Paper No.8049*. (also available at http://documents. worldbank.org/curated/en/810811493910657388/Child-undernutrition-in-Pakistan-what-do-we-know).

Rozelle, S., Taylor, J.E. & DeBrauw, A. 1999. Migration, remittances, and agricultural productivity in China. *American Economic Review*, 89(2):287–291. https://doi.org/10.1257/aer.89.2.287.

Smith, L.C., Ramakrishnan, U., Ndiaye, A., Haddad, L. & Martorell, R. 2003. The importance of women's status for child nutrition in developing countries. *Research Report No.131*. (also available at http://www.ifpri.org/publication/importance-womens-status-child- nutrition-developing-countries).

Spence, M. 2009. Preface.In M. Spence, P.C. Annez & R.M. Buckley, eds. *Urbanization and Growth*, pp. ix–xvi. IBRD/World Bank. (also available at http://hdl.handle.net/10986/2582).

Timmer, P. 2018. State-level structural transformation and poverty reduction in Malaysia: a multi-commodity approach.

UNDESA. 2015. World population prospects: The 2015 revision. Key findings and advance tables. Working Paper No. ESA/P/WP.241.New York. (also available at http://www.un.org/ en/development/desa/publications/world-population-prospects-2015-revision.html).

UNDESA. 2017. World population prospects: The 2017 revision, key findings and advance tables. Working Paper No. ESA/P/WP/248.New York. (also available at https://www.un.org/development/desa/publications/world-population-prospects-the-2017-revision.html).

World Bank. 2016a. Poverty and shared prosperity 2016: Taking on inequality. Washington, DC,

World Bank.http://elibrary.worldbank.org/doi/book/10.1596/978-1-4648-0958-3.

World Bank. 2016b. World feminization of agriculture in the context of rural transformations: What is the evidence? Working Paper No. ACS20815.Washington, DC. (also available at http://documents.worldbank.org/curated/en/790991487093210959/ Feminization-of-agriculture-in-the-context-of-rural-transformations-what-is-the-evidence).

World Bank. 2016c. *Migration and remittances factbook 2016*. Third edition. Washington, DC, World Bank. (also available at http://hdl.handle.net/10986/2582).

World Bank. 2018. *World Development Indicators* [online]. https://data.worldbank.org/ products/wdi.

World Health Organization (WHO). 2018. *Global health observatory data repository* [online]. http://apps.who.int/gho/data/view.main.v100230?lang=en.

Zanello, G., Srinivasan, C.S. & Shankar, B. 2016. What explains Cambodia's success in reducing child stunting – 2000–2014? PLoS ONE, 11(9): e0162668. https://doi.org/10.1371/journal.pone.0162668.

第三章

环境退化与气候变化威胁可持续农业

面对人口和经济的持续增长，需要以穷人负担得起的价格向消费者提供更多更具营养价值的食品。在某种程度上，减少粮食损失和浪费有助于实现这一目标，但从实际来看，也必须提高粮食产量。然而，由于自然资源基础薄弱，提高粮食产量并非易事。本章重点关注：①粮食体系对自然资源的需求日益增长；②作为粮食生产之基的自然环境持续退化；③环境退化和气候变化威胁着未来的粮食安全。

农业活动和粮食生产带来诸多环境问题，本章主要关注土地、水资源和气候变化。这三种资源的利用水平都已经超过地球的承载能力，而农业在这一过程中发挥了重要作用（Campbell等，2017），由此产生的后果威胁着我们未来的粮食生产能力。

如第一章所述，与世界其他主要地区相比，亚太地区的人均土地资源更为稀缺。土地资源稀缺影响着该地区的农业发展模式。生产技术倾向于最大限度地提高稀缺资源（土地）的生产水平，而不太强调提高过剩资源（此处指劳动力）的生产水平。因此，亚洲地区每公顷土地产值高于除欧洲以外的所有其他主要地区，而农民的人均产值低于除撒哈拉以南非洲外的所有其他主要地区（Pardey，2011；太平洋岛国数据不详）。

每公顷单产相对较高，一方面是由于劳动力供应充足，另一方面是由于作物种植强度较高以及水资源和其他生产资料（例如化肥和农药）的大量投入。因此，亚太地区的作物种植强度（收获面积除以耕地面积与永久性作物面积之和）通常明显高于世界其他地区（Portmann，Siebert和Doll，2010；Ray和Foley，2013）。与世界其他地区相比，亚洲地区每公顷土地无机氮（N）肥和磷（P）肥使用量最多，钾（K）肥使用量排第二（图3-1）。然而，在太平洋地区，化肥供应有限（由于地处偏远且进口成本较高），限制了农业产量和生产水平的提高。

虽然（至少在某些情况下）以可持续的方式提高产量亦有可能，但按照目前的农业生产模式，在粮食增产（以及多样化生产）的过程中，生态系统及其功能往往会遭到破坏。接下来，这些生态系统功能的丧失又会损害我们未来（甚至当前）的粮食生产能力①。亚太地区经济快速增长，由此带来的粮食增产压力会加速这一进程。所以，因人类造成土地或水资源压力而导致农业面临风险的情况大多集中在亚太地区（FAO，2011）。

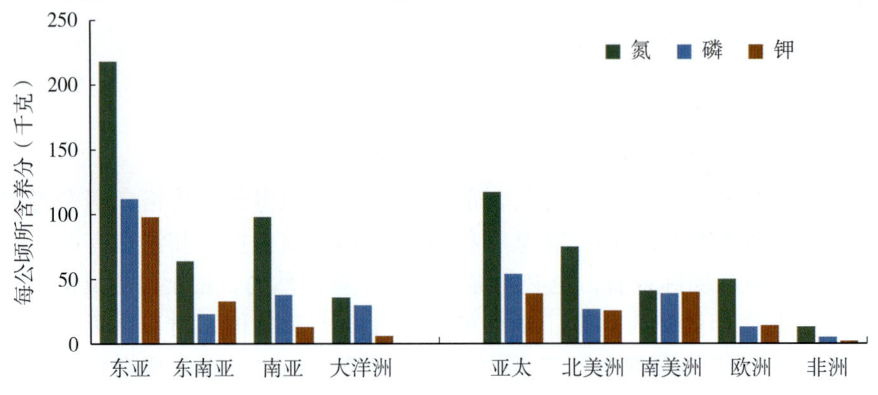

图3-1　2015年每公顷土地无机肥使用情况

资料来源：FAO（2018a）。

注：土地面积按耕地面积与永久性作物面积之和计算。由于太平洋国家数据不详，此处大洋洲仅指澳大利亚和新西兰。亚太地区数据为图左侧柱形所示四个次区域数据的加权平均数。

全球化也在其中发挥作用。各国在本土自然资源的制约下，通过对国内不具备生产竞争优势的粮食进行进口，其实也间接进口了土地和水资源。然而，在出口收益的激励下，出口国可能会过度开发本国的自然资源。据估计，土地利用和水资源消耗的三分之一是通过国际贸易间接完成的（Chen等，2018）。当今时代，“应把土地系统看作是具有大量货物、人员和资本流动的开放系统，该系统将当地的土地利用与全球生产要素联系起来”（Lambin和Meyfroidt，2011）。水资源也是如此。

3.1　土地面积扩张与退化

3.1.1　土地需求不断增加

如第二章所述，经济和人口增长使粮食需求日益增加。FAO（2017）估计，

① 当前的生产模式对环境造成的损害比对粮食生产能力造成的损害更为深远——当前的生产模式会通过空气污染、农药施用、跨境动物疫病传播和抗微生物药物耐药性（AMR）的增强损害人类健康，伤害其他物种，并破坏自然环境的居住价值。

2013—2050年，全球农业需求将增长50%。其中部分需求将通过扩充耕地面积来满足，但这种情况很有可能集中发生在拉丁美洲和撒哈拉以南非洲地区。相较而言，亚太地区土地资源稀缺意味着未来土地扩张将受到制约。到2050年，该地区粮食增产的大部分（东亚和南亚分别为98%和95%）[①]将得益于单产或作物种植强度的提高（Bruinsma，2011）[②]。

与2006—2011年许多商品价格一样，倘若未来全球粮食市场价格飙升，可能推动农用地面积大幅扩张，以及进一步大规模批准土地特许权（Ingalls等，2018）。国内外利益群体均可享有土地特许权，虽然他们有可能为农业带来新的投资并提高粮食产量，但他们往往会忽视包括土著人民和少数民族在内的穷人和边缘化群体的权益。在太平洋岛国，大部分土地属于传统或习惯权属，如何获取农业生产用地是此类土地制度带来的一个主要问题。

快速的城市化进程也给土地资源带来压力。土地覆盖数据显示，1992—2015年，亚太地区“人造地表”覆盖的土地面积几乎增至三倍，尽管此类土地仍仅占该地区土地面积的0.6%。展望未来，Bren d’Amour等（2017）预测，到2030年，无论从绝对值还是比例来看，亚洲由于城市化的发展流失的耕地面积比其他大洲都要多。在亚洲（太平洋国家预测数据不详），预计2018—2030年，越南、巴基斯坦和中国因城市化而遭受的膳食能量（卡路里）生产损失率最大（图3-2）。

亚太地区土地资源稀缺，因此过去25年中，种植临时或永久性作物的土地面积变化相对较小。1990—2015年，整个亚太地区种植临时或永久性作物的土地面积增量仅略高于4%。新增的这部分面积完全来自东南亚永久性作物种植面积的增加，其中主要是油棕和橡胶，也有可可、椰子和咖啡。而南亚和大洋洲种植临时或永久性作物的土地面积减少，东亚仅略有增加。

除了种植面积增加，种植强度（同一地块每年收获的作物面积[③]）和单产（单位面积收获的产量）的提高也使产量增加，进一步满足消费需求。1999—2001年和2014—2016年，整个亚太地区所有作物中收获面积绝对增幅最大的是果蔬，其次是玉米，玉米主要用于畜禽饲料［这与Alexander等（2015）于全球范围的研究结果一致］。这两大种类都是临时作物。由于亚太地区大部分区域临时作物种植面积减少，所以一年生作物的“收获面积”增加表明种植强

① Bruinsma（2011）的研究中，东亚包括东南亚和太平洋地区。

② 持续增长的粮食需求也给海洋资源带来压力。近年来，全球海洋渔业产量略有增长，其中增幅最大的地区位于亚太，特别是中西太平洋和印度洋地区。然而，全球越来越多的海洋渔业种群正在遭遇过度捕捞，形势引人担忧（FAO，2016）。

③ 收获的作物面积将每年种植两轮的1公顷土地面积计为2公顷。按作物种类划分的面积变化数据不详。

度增加。油料作物种植面积也大幅增加，其中油棕（一种永久性作物）种植面积增幅最大。水产养殖增长同样迅猛，其中部分原因是养殖面积的扩大①。消费者对各类食品的需求日益增长（见第四章），对非食品产品的需求也不可小觑（例如棕榈油除了用作植物油，还可用于生产生物柴油）。

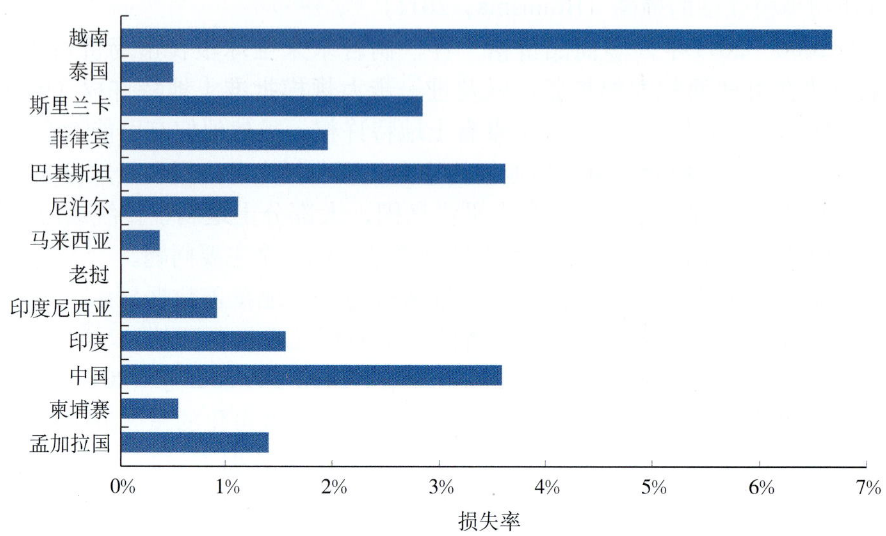

图3-2　预计2018—2030年由城市化导致的膳食能量（卡路里）生产损失率

注：Bren d'Amour等（2016）对未来的预测时间区间为2000—2030年。在假定每年损失率恒定不变的基础上对这些估计值进行了调整。

3.1.2　土地质量和生态系统功能退化

要满足未来的需求，（可持续）集约化生产非常重要。然而，当前的集约化生产方式往往会导致土壤侵蚀、养分流失、土壤板结和盐碱化以及生物多样性丧失，可能会损害未来的土地生产水平。土壤侵蚀还会引发河流和灌溉系统沉积，导致水资源生产水平下降。

整个亚太地区的生态系统都遭受了巨大破坏。喜马拉雅山脉高原旱作种植系统的土壤健康问题最为严重。在巴基斯坦、印度西北部和中国北部地区，由于灌溉系统或农场水资源管理不善，盐碱化问题十分普遍（FAO，2011）。在中国部分地区，土壤遭重金属污染，这些重金属随后又被当地种植的粮食吸收。据估计，中国每年受重金属污染须处理的粮食达1 200万吨，给农民造成约25.7亿美元的损失（Luo等，2009）。与主粮作物相比，果蔬栽培每公顷所

① 粮农组织未提供各国水产养殖面积数据。

需养分和农药更多，并且尤其在中国，地膜使用增多，导致有害物质残留在土壤中（Cassou，Jaffee和Ru，2017）。显然，土壤退化和污染给我们未来生产安全食品的能力带来威胁。

全球市场上价格最低的植物油是棕榈油，且亚太地区棕榈油消费量日渐增长，对植物油和木制品的需求导致印度尼西亚和马来西亚部分地区出现毁林现象（Byerlee，Falcon和Naylor，2017；Vijay等，2016）。过去20年来，亚太地区森林覆盖面积呈净增长（主要是由于中国大规模植树造林），但许多国家仍在大量砍伐天然林木。例如，2000—2015年，亚太国家净森林面积总计减少2 030万公顷（FAO，2015）。虽然开展了植树造林工作，但其中大部分为工业林场，主要用于生产造纸木材，栽种的树木品种有限。虽然这些工业林场带来了经济和社会效益，但只能提供原生林的部分生态系统功能及其他效益。这些重要的生态系统功能包括碳存储、生物多样性保护、野生动物栖息地保护、水流调节、土壤质量保护和减少侵蚀（FAO，2018b）。其中，碳存储下降可能会导致全球变暖，危及未来的粮食生产能力（见本章气候变化部分）。

森林退化也会导致生物多样性和生态系统功能的丧失。造成森林退化的原因包括从森林资源中选择性采伐木材和薪柴、火灾、病虫害及放牧牲畜等。即使是在森林退化监测难度较大的情况下，近期的估计数据仍然发现，森林退化现象非常严重，特别是在亚太地区的热带森林中。以林冠覆盖损失测算，南亚和东南亚地区超过5 000万公顷的林地发生退化，占2000—2012年全球林地退化总量的四分之一以上（FAO，2015）。在亚太地区，木材生产和薪柴燃烧是造成森林退化的主要原因。关于森林退化的报道仍然不足，而且森林退化有可能会造成大量的温室气体排放（Pearson等，2017）。

总之，虽然农业用地的扩张和集约化有助于满足粮食需求（及其他非粮食需求），但往往会导致土地退化、土壤质量恶化和生物多样性丧失，这些后果都会损害我们满足未来粮食需求的能力。毁林和森林退化破坏了多项珍贵的生态系统功能，不仅威胁未来的粮食生产，也影响着我们的总体生活水平。此外，批准土地特许权虽然可以带来投资和就业，但也有可能忽视土著人民、少数民族和其他边缘化群体的权利，使他们难以摆脱贫困、难以在一定程度上实现富裕。

3.2　淡水资源稀缺

3.2.1　水资源需求增长和地下水位下降

与土地资源一样，亚太地区（至少是部分区域）比世界其他地区更缺乏淡水资源。除了中东和北非以外，南亚和东亚人均可再生淡水资源占有量为全球最低。而东南亚和大洋洲人均淡水资源占有量则高出许多，淡水资源仅存在季节性稀缺，也就是说每年的供应都足以满足需求，但当前及新出现的不确定因素会导致旱季水资源供给不足（图3-3）。

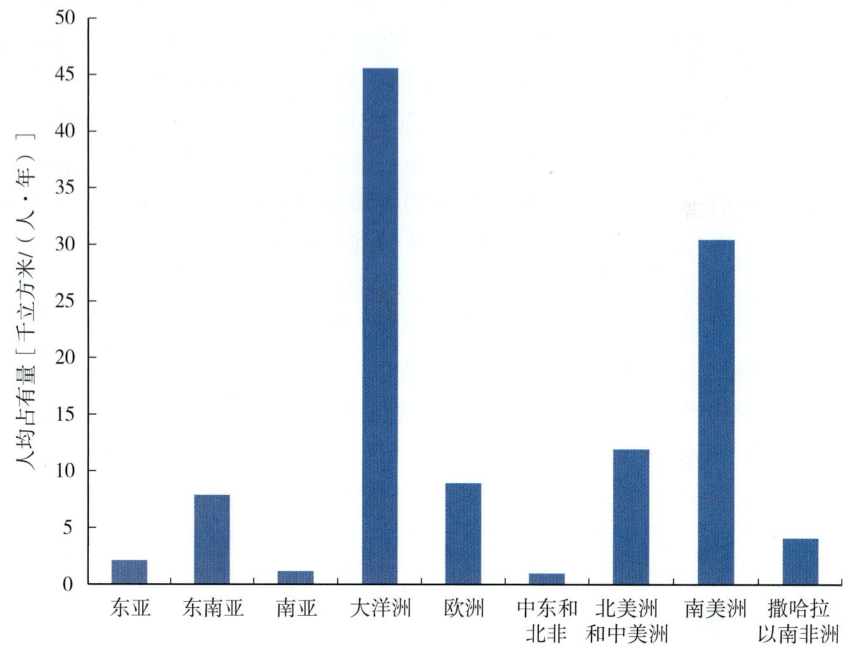

图3-3　2014年可再生淡水资源人均占有量

资料来源：FAO（2018）。

地表水和地下水的储存能够在时间和空间上有效补给灌溉用水，提高全国总产量和户均产量，促进粮食安全。这一点在亚洲尤为明显，亚洲很大一部分（占41%，而其他大洲均不到15%）农地为灌溉农地（Portmann，Siebert和Döll，2010）。过去5年，灌溉农地面积大幅增长，中国（从4 500万公顷增长到6 800万公顷）和印度（从2 600万公顷增长到6 700万公顷）尤为典型（Scheierling和Treguer，2016）。

在有数据显示的亚太国家中，几乎所有国家一年中大部分淡水资源都投入到了农业生产（图3-4）。同时，随着粮食需求增加，农业用水需求也在持续增长。但是，随着各国从低收入发展至中等收入水平，家庭和工业用水需求将加快增长。因此，在中国和马来西亚等一些中等收入国家，农业用水占用水总量的比重大幅下降（图3-5），而南亚国家发展趋势有所不同，因为它们人均国内生产总值水平较低，工业和家庭用水需求相对较小。

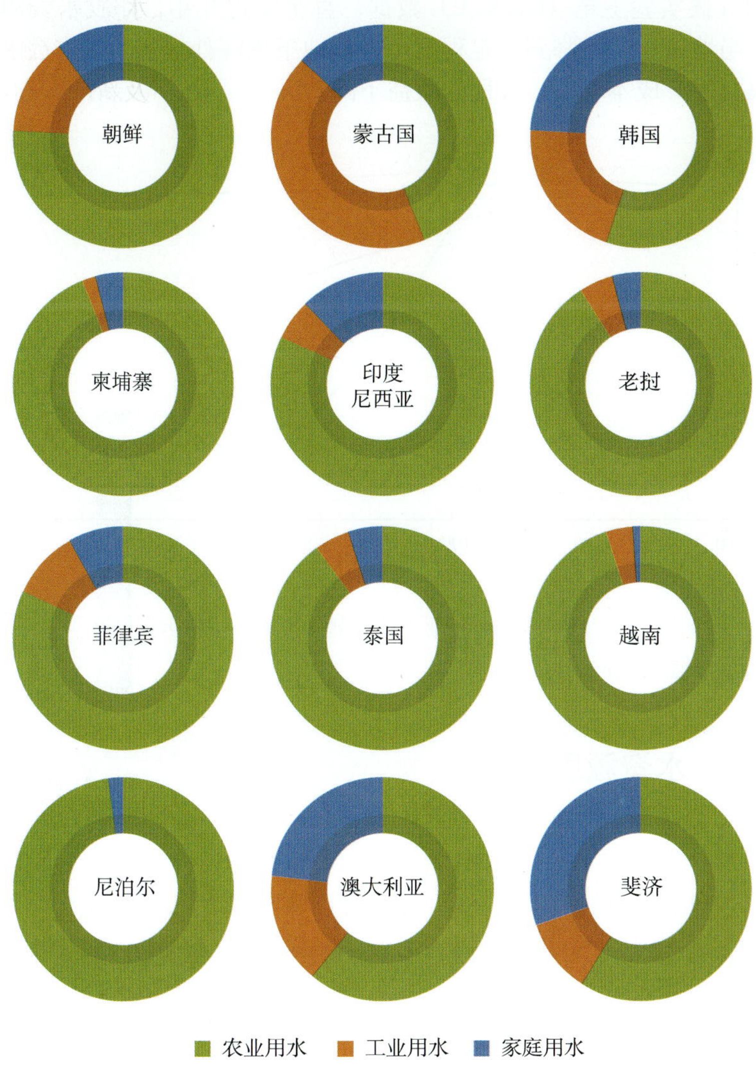

图3-4　亚太各国水资源消耗不同用途占比

资料来源：FAO（2018c）。

以上多重需求给农民粮食生产带来了压力，且在某些情况下，用电补贴的实施还会推高地下水用量。虽然扩大地下水使用后，数百万农村人口的生计得以改善（Kulkarni，Shah和Vijay Shankar，2015），但也导致含水层水源枯竭。印度的情况可能最为紧迫，为满足当前的灌溉需求，该国6个最重要的农业邦过度开采地下水，而且尽管2002—2008年降水量高于常年，其地下水枯竭速度仍为全球最高（Birkenholtz，2017）。根据美国国家航空航天局（NASA）重力恢复和气候实验卫星（GRACE）数据，直至最近几年，印度水资源仍在快速消耗。当地下水位下降到一定程度后，从地下更深处抽水的成本会上升，这将导致农业生产成本增加，农民的收益下降。

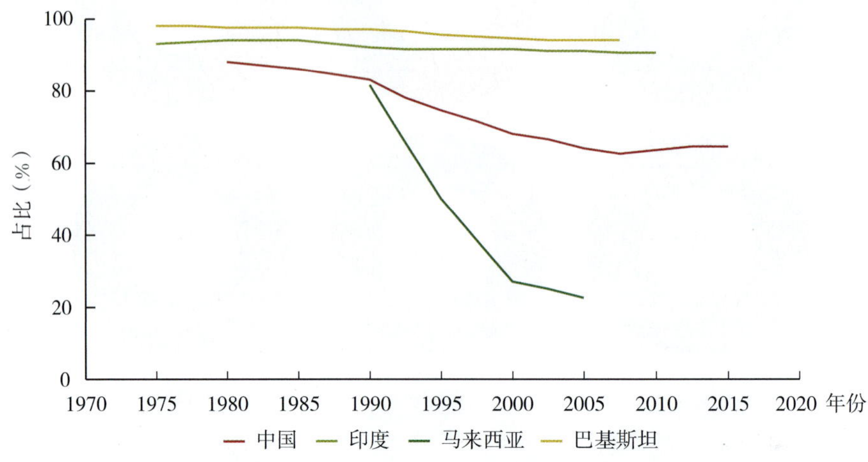

图3-5　1994—2016年亚太地区部分国家农业用水量占比

资料来源：FAO（2018c）。

3.2.2　水资源质量下降

由于养分过载、工业污染和含水层枯竭，整个亚太地区的水资源质量正在迅速恶化，引起人们对食品安全、饮用水质量和粮食生产能力的担忧。亚太地区养分利用率很低，也就是说，施用的肥料大多数没有转化为生物质，而是流失到了环境中（Bodirsky等，2012；Liu等，2010；Yan等，2014）。在化肥补贴的激励下，农民过度施肥，加剧了这一问题（Gulati和Sharma，1995；Osorio等，2011），进一步降低了养分利用率，并导致更多养分流失到环境中。

畜禽和水产养殖废弃物也会带来类似问题。虽然动物粪污是有助于维持和改善土壤肥力的宝贵资源，但在亚太地区，现代畜牧业越来越多地集中在农业用地极少甚至没有农业用地的区域，导致当地环境养分严重过载。未经处理的粪污和含粪污废弃物经常倾倒在河流和农田中。例如，越南畜禽养殖产生的废弃物约36%未经处理直接倾倒在环境中（Cassou，Jaffee和Ru，2017），导致细菌和微生物含量超载。在中国、泰国和越南，河流中过载养分的主要来源是工业养猪场产生的废弃物，占氮素累积量的14%～72%不等（Reid等，2010）。

畜禽养殖扩张（和化肥使用过量）会导致养分过载、硝酸盐淋洗，且畜禽废弃物可能会传播病原体，从而影响饮用水质量。例如，在菲律宾和泰国，30%的地下水井的饮用水采样显示其中硝酸盐含量超过了世界卫生组织（WHO）规定的50毫克/升的安全限值（Tirado，2007）。此外还有工业废水，也影响着食品安全（插文1）。含水层水源枯竭也严重影响着水质［例如孟加拉国曾发生饮用水砷中毒事件（BGS和DPHE，2001）］。

插文1 水质与食品安全

水源一经污染，水的使用通常就会受到多重限制，因此归根结底，缺水问题与水质有关。据估计，亚太地区产生的废水有80%～90%未经处理便被排放（WWAP，2012），造成地下水和地表水污染。除了会对生态系统功能造成损害，农民获取水源的方式也有限且不可靠，迫使他们临时、无序地重复利用废水，其食品安全状况引发严重关切。例如，在孟加拉国，工业废水、城市垃圾和农药未经处理就排放到开放水域和河流中，导致全国水质持续严重恶化，尤其是砷、铬、镉和铅含量超标（Ali等，2016），危及食品安全和饮用水安全。

食品安全水平下降会带来两大主要问题。首先，农民无法通过官方渠道出口农产品，导致农产品价格走低。此外，食用被病原体污染的食品会阻碍人体对营养素的吸收和利用，破坏食品对健康的保障作用。

除了影响食品安全和饮用水质量，养分过载还会给食品生产造成严重后果。例如，氮和磷汇入河流和海洋将导致水中藻类和蓝藻细菌大量繁殖，这种现象也被称为藻华。这些生物通常寿命短暂，死亡后大量堆积，腐烂的同时会耗尽水中的氧气，导致鱼类和水生植物无法生存，形成一片片死亡区，例如位于长江入海口的中国东海海域（Breitburg等，2018；Li和Daler，2004）。农业活动是造成中国黄海和南海海域富营养化的主要原因（Strokal等，2014）。同样，2016年研究人员在孟加拉湾发现了一个面积高达6万平方千米的大规模死亡区（Bristow等，2017）。这些死亡区会毁坏渔场，并给以此为生的渔民带来重大打击。

总之，水资源的开发在满足粮食需求和增加农民收入方面做出了巨大贡献。然而，目前淡水资源短缺已经成为一个严重的制约因素——部分地区依赖不可持续的方式开采地下水用于灌溉，使水资源消耗殆尽（Wada，Van Beek和Bierkens，2012）。水资源短缺给粮食生产造成多方面的负面影响。农民（通常是贫穷、边缘化以及处于灌溉系统末端的农民）可能在需要灌溉农田时缺乏充分的水源，导致农作物产量（以及农民收入）下降，甚至造成农作物和投入的资金全部损失（Hussain和Biltonen，2001）。缺水可能使农民无法从土壤中冲走盐分，从而削弱了土地将来的生产水平，或导致农民不得不将土地抛荒（Seckler，Barker和Amarasinghe，1999）。为满足灌溉需求而进行取水、调水或改变土地利用方式也损害了宝贵的生态系统所提供的产品和服务，包括防汛、水源净化、生物多样性以及湿地和河口等重要栖息地的保护（Rijsberman，2004）。亚洲许多重要河流，包括南亚的印度河和中国的黄河，全年有部分时间无水汇入大海（Postel，2000）。许多河流已经严重枯竭，丧失了发展生产性渔业（Welcomme等，2016）或稀释污染物（见插文1）的能力。养分过载也导致水质恶化，进一步威胁我们未来的粮食生产能力。

3.3 温室气体排放与气候变化

在亚太地区（包括高收入国家），2014年农业排放占温室气体排放总量的10%左右，与1990年的21%相比有所下降（World Resources Institute，2018）[①]。2014年，农业温室气体排放总量比1990年增长了27%，自1961年以来增长了一倍多（图3-6），但其他产业的温室气体排放增长更为迅速，因为几乎所有经济体都经历了结构转型，其他产业的增速显著高于农业的增速（见第二章）。因此，农业对温室气体排放总量的贡献率出现下降。

在亚太地区，多种农业活动会产生温室气体排放。广义的畜牧业（反刍动物的肠道发酵以及动物粪污的管理利用）是目前最主要的温室气体排放源，其次是水稻栽培（水田中会产生甲烷和一氧化二氮排放；这种情况主要出现在亚洲，而非太平洋岛国）和合成肥料的施用（图3-6）。农场中的能源消耗（例如整地、泵送地下水）也是温室气体排放的重要直接来源，与水稻栽培产生的排放量不相上下[②]。农业也通过土地用途的改变间接影响着温室气体排放。

3.3.1 气温升高

农业和非农业活动产生的温室气体排放导致气温升高和降水模式改变，对农业生产造成影响。过去60年里，亚太地区大部分区域的平均气温和极端气温均有上升。总体而言，北半球的气温上升趋势更为显著。东南亚和太平洋地区气温增幅较小，然而马来西亚、棉兰老岛和苏门答腊岛部分地区气温已经大幅上升。

---

① 全球来看，2014年农业的温室气体排放量占温室气体排放总量的11%，与亚太地区数据接近。

② （根据政府间气候变化专门委员会准则）农业中的能源消耗通常划入能源类别中，而非农业、林业和其他土地用途类别。

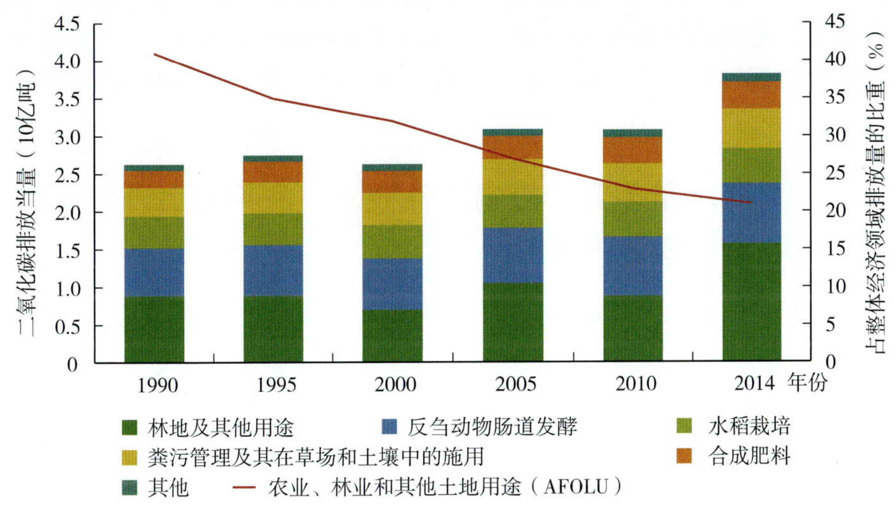

图3-6　1990—2014年亚太地区不同类型农业活动造成的温室气体排放

资料来源：FAO（2018a）。

研究表明，气温升高对农业生产的影响目前已经显现，但尚不显著。该研究主要集中在为数不多的几种主粮作物上，即小麦、大米、玉米和大豆，因为这些作物直接或间接地（通过畜禽）构成了人体所需卡路里和蛋白质的主要来源（Lobell和Gourdji，2012）。气候变化为世界许多地区的小麦和玉米生产带来了负面影响，对全球大米和大豆产量的影响则要小很多（Lobell，Schlenker和Costa-Roberts，2011）。不过，气候变化带来的并非都是负面影响。有实证表明，对于日本和中国东北等一些高纬度地区来说，气候变暖有助于促进粮食生产（Liu，Zhang和Yang，2016；Zhang等，2016）。农民也可主动适应气候变化，减缓气候变化带来的影响。在亚太地区，部分农民已经开始采取适应性措施，例如调整种植年历、种植抗性品种以及增加灌溉（Lobell和Gourdji，2012；Meng等，2014、2016）。展望未来，要注意气候变暖所带来的负面影响并不一定会随着气温的上升呈线性增加。一旦气温上升到一定水平，在阈值效应下，即使气温增幅较小，也会造成较大的影响（Porter等，2014；Schlenker和Roberts，2009）。这种阈值效应意味着未来发展趋势具有很大的不确定性，加大了制定规划的难度。

气温逐渐变暖，内陆水域和海洋的物理和化学性质随之变化，也可能会影响海洋渔业和水产养殖。气温升高影响着鱼类种群的空间分布及其产卵和洄游时间（Cramer等，2014；Johnson等，2017）。海洋酸化可能会影响海洋生产水平和捕捞渔业，尽管此方面实证有限（Myers等，2017；Rossoll

等，2012）。关于气候变化对畜禽的影响，此方面实证基础尤为薄弱，但在热应激下，畜禽的健康状况可能会恶化（Thornton等，2009）。气候变化也可能对畜禽饲料摄入量、饲喂效率、产奶量和产蛋量产生影响（Sugiura等，2012）。

3.3.2 降水量多变，极端事件频发，海平面上升以及食品营养含量下降

总体来说，降水比气温更多变，但变化幅度较小（Lobell和Gourdji，2012；Lobell和Burke，2008；Zhang等，2016）。不过，亚洲不同地区、不同季节的降水和气温均有增有减。

降水对农业的影响不仅与降水趋势有关，更关键的是降水的时间和多变性，不同地点的降水呈现出不同的变化特点。冰川融化将改变河流的形态（水量会暂时增多，但彻底融化后，水量就会减少），季风可能发生变化（严重影响种植时间），可能出现阵雨、暴雨（渗入地下水的时间变短，地表侵蚀加剧）。气温升高，蒸发量增加，空气中容纳的水分增加，形成更强烈（极端）的水循环——一段时间水量充足，但随后长时间缺水。特别是对农业来说，降水时间变化是一个比全球降水总量更值得关注的问题，且对基础设施、防灾减灾以及农业生产的调整适应具有重要影响。

有史以来，极端天气和气候事件屡次发生，但有实证表明，自1950年以来，极端气候事件的模式发生了变化（Alexander，2016；Cramer等，2014；IPCC，2012；Porter等，2014）。对1981—2010年间发生的创纪录的降雨事件进行深入研究，发现北亚（21%）、青藏高原（31%）和东南亚（56%）此类事件数量大幅增加。洪涝和干旱多发，导致腹泻发病率上升，引发营养缺乏症，进而导致发育迟缓和消瘦（Rodriguez-Llanes等，2016；Stanke等，2013），或导致容易感染痢疾和疟疾等疾病，这些疾病会严重影响健康和营养。显然，极端气候事件频发要求人们更加关注防灾减灾以及提高农业和农村的韧性（Hregate等，2015；Hregate等，2016；FAO，2018d；UNESCAP，ADB和UNDP，2018）。

1901—2010年，全球平均海平面上升了0.19米，比过去2 000年的上升幅度还大。全球平均海平面的上升掩盖了世界不同地区之间的巨大差异。实际上，东太平洋大部分区域海平面正在下降，而西太平洋、菲律宾附近和太平洋岛国附近的海平面上升幅度最大（Hoegh-Guldberg等，2014）。

海平面逐渐上升给亚太地区造成重大影响，例如导致部分岛屿被淹没。此外，海平面上升将加剧沿海地区的洪涝和盐碱化，二者都将危害农业生产

(包括水产养殖)[①]。受洪涝灾害加剧影响最严重的人口大多分布在亚洲，包括孟加拉国、中国、印度、印度尼西亚和越南（Neumann等，2015）。海平面上升同样对湿地和红树林的分布及其提供的生态系统功能带来影响（Hens等，2018）。

气候变化也影响着食品的营养含量。近期研究（Ebi和Ziska，2018；Weyant等，2018）表明，二氧化碳浓度越高，育成的大米、小麦、玉米、大豆、豌豆和高粱中铁和锌的含量越低，植酸盐的含量越高（植酸盐会抑制各种矿物质的吸收）。对于严重依赖谷物并将其作为膳食能量来源的贫困人口来说，主粮中微量营养素含量的减少可能会对其营养状况产生不利影响。也有新的实证表明，气候变化可能影响海洋环境中浮游植物群落的营养成分，并对海洋渔获物的营养含量产生更广泛的影响（Bermúdez等，2015）。

农业活动除了影响着土地和水资源，也影响着气候变化。反过来，气候变化已经在影响着粮食生产，而且未来这种影响可能还会增加。最终，它也将极大影响人们的膳食、粮食安全、营养和健康（Springmann等，2016；Wiebe等，2015）。

3.4　人类的健康

农业活动不仅影响着环境健康和未来粮食生产的可持续，它也与人类健康紧密相关。

3.4.1　农药

几十年来，农药在亚太地区广泛使用，用于消灭昆虫、杂草、真菌、软体动物和啮齿动物。农药若使用得当，可有益于作物生长，但在缺乏适当设备和培训的情况下，则会损害农民的健康（Pingali和Roger，1995）。如果未在正确的时间喷洒或过量喷洒，农药会在食品上留下残留物，损害消费者的健康。尽管高毒农药已被禁用，但仍有许多市场出售此类产品（Cassou，Jaffee和Ru，2017）。

3.4.2　空气污染

在亚太地区，生物质燃烧比较常见，其目的通常是为了砍伐森林或清理

① 地下水开采和上游用水是造成地面沉降的主要原因，加剧了海平面上升对三角洲和沿海地区造成的影响（Erban，Gorelick和Zebker，2014）。上游水库可截留沉积物，阻止了河流沉积物的自然再生，使三角洲更易受到洪水的侵袭（Syvitski等，2009）。大多数情况下，上游人类活动比海平面上升更容易带来洪涝及地下水盐碱化的风险（Ericson等，2006）。

作物残茬。由此产生的雾霾和污染物会使空气中的颗粒物增加，引发呼吸疾病。这显然会影响农村居民，但通常也会影响城市居民，并有可能跨越国界扩散。

焚烧秸秆的现象屡见不鲜，因为在没有其他用途和市场需求的情况下，焚烧秸秆是一种省钱省力的处理方法。焚烧秸秆也有助于防治病虫害，以及通过使后茬作物在前一茬收获后能够迅速种植来提高作物种植强度，从而提高农民收益（Gadde等，2009）。许多国家立法禁止焚烧秸秆，但这些法律通常很难贯彻执行。

3.4.3 抗生素的使用

抗生素药物广泛用于畜牧业和水产养殖业，以促进生长和预防疾病，从而降低每千克的生产成本，让食品更便宜。虽目前仍缺乏详细的使用量数据，但销售量数据表明，2011年亚太地区占全球畜牧业使用抗生素药物总价值的一半（TMR，2012），其中近70%的抗生素药物被用于家禽和生猪养殖。

然而，抗生素也有严重的缺陷。这类药物使用得越广泛，微生物产生耐药性的速度就越快。抗生素通常对于治疗人类疾病非常关键，所以，如果细菌对多种（或所有）抗生素产生耐药性，将给全球医疗卫生带来重大考验。考虑到人们对动物源性食品的需求将不断增长，若不采取措施限制抗生素的使用，其使用量可能会迅速增长。

在亚洲，国家层面对于抗生素药物耐药性的总体趋势、影响和成本的研究很少。然而，世界银行一份报告指出，越南的畜牧业和水产养殖业广泛使用超过45种抗生素（Cassou, Jaffee和Ru, 2017）。同样，中国的一项研究（Zhang等，2006）发现，1994—2000年，在七种常见的人类细菌感染中，抗生素药物耐药性的平均增长率为22%，其中三种细菌在畜禽中也很常见。还有研究（Prakongsai等，2012）指出，泰国每年有超过14万例耐药性感染，每年有超过3万名患者死于此类感染。总体而言，对比不同国家的抗生素药物耐药性数据发现，亚洲发展中国家的抗生素药物耐药性水平远远超过经合组织任一成员国的水平（Chuanchuen等，2014）。

3.4.4 动物与疫病

全球化和农产品贸易的发展（见第二章）带来诸多益处，但也会助长动物疫病的传播。当这些疫病传播到人类身上时，所造成的危害要远远超过农业遭受的损失。例如，2003年“非典”疫情造成了约540亿美元的损失（Lee和McKibbin，2004），2009年超过10万人因H1N1猪流感疫情丧生（Simonsen等，2013）。事实上，超过60%能够感染人类的现有及新发病原体起源于动物

（Morens和Fuci，2013）。

除了损害人类健康，这些疾病也会严重影响小农生计，因为农民需要扑杀患病动物，而且要因此遭受经济损失。由于多一重风险，可能导致农民不愿意在种植基本主粮作物之外进行多样化生产。接触动物粪污也可能有害人体健康，研究表明，夜间将家禽放置在就寝区域会导致儿童发育迟缓率上升（George等，2015；Headey等，2017；Penakalapati等，2017）。

3.5 小结

农业对环境和人类健康有着深远影响。随着经济发展和人口增长，农业需要提高粮食产量，因此农业对环境和人类健康的影响还会加深。农业对环境的影响不仅关乎环境质量，还涉及我们未来可持续生产粮食的能力。农业也是导致全球变暖的因素之一。城市化导致优质农业用地"非粮化"。因此，未来几十年我们能否以可负担的价格向全世界提供营养膳食，这些问题向我们提出了巨大挑战。

参考文献

Alexander, L. V. 2016. Global observed long-term changes in temperature and precipitation extremes: A review of progress and limitations in IPCC assessments and beyond. *Weather and Climate Extremes*, 11:4–16. https://doi.org/10.1016/j.wace.2015.10.007.

Alexander, P., Rounsevell, M.D.A., Dislich, C., Dodson, J.R., Engström, K. & Moran, D. 2015. Drivers for global agricultural land use change: The nexus of diet, population, yield and bioenergy. *Global Environmental Change*, 35:138–147. https://doi.org/10.1016/j.gloenvcha.2015.08.011.

Ali, M.M., Ali, M.L., Islam, M.S.& Rahman, M.Z. 2016. Preliminary assessment of heavy metals in water and sediment of Karnaphuli River, Bangladesh. *Environmental Nanotechnology, Monitoring and Management*, 5:27–35. https://doi.org/10.1016/j.enmm.2016.01.002.

Bermúdez, R., Feng, Y., Roleda, M.Y., Tatters, A.O., Hutchins, D.A., Larsen, T., Boyd, P.W., Hurd, C.L., Riebesell, U. & Winder, M. 2015. Long-term conditioning to elevated pCO_2 and warming influences the fatty and amino acid composition of the diatom cylindrotheca fusiformis. *PLoS ONE*, 10(5): e0123945. https://doi.org/10.1371/journal.pone.0123945.

Birkenholtz, T. 2017. Assessing India's drip-irrigation boom: efficiency, climate change and groundwater policy. Water International, 42(6):663–677. https://doi.org/10.1080/02508060.2017.1351910.

Bodirsky, B.L., Popp, A., Weindl, I., Dietrich, J.P., Rolinski, S., Scheiffele, L., Schmitz, C. & Lotze-Campen, H. 2012. N2O emissions from the global agricultural nitrogen cycle – current state and future scenarios. *Biogeosciences*, 9(10):4169–4197. https://doi.org/10.5194/ bg-9-4169-2012.

Breitburg, D., Levin, L.A., Oschlies, A., Grégoire, M., Chavez, F.P., Conley, D.J., Garçon, V., Gilbert, D., Gutiérrez, D., Isensee, K., Jacinto, G.S., Limburg, K.E., Montes, I., Naqvi, S.W.A., *et al.* 2018. Declining oxygen in the global ocean and coastal waters. *Science*, 359. https://doi.org/10.1126/science.aam7240.

Bren d'Amour, C., Reitsma, F., Baiocchi, G., Barthel, S., Güneralp, B., Erb, K.-H., Haberl, H., Creutzig, F. & Seto, K.C. 2017. Future urban land expansion and implications for global croplands. *PNAS*, 114(34):8939–8944. https://doi.org/10.1073/pnas.1606036114.

Bristow, L.A., Callbeck, C.M., Larsen, M., Altabet, M.A., Dekaezemacker, J., Forth, M., Gauns, M., Glud, R.N., Kuypers, M.M.M., Lavik, G., Milucka, J., Naqvi, S.W.A., Pratihary, A., Revsbech, N.P., Thamdrup, B., Treusch, A.H.& Canfield, D.E. 2017. N2 production rates limited by nitrite availability in the Bay of Bengal oxygen minimum zone. *Nature Geoscience*, 10: 24–29. (also available at https://www.nature.com/articles/ngeo2847).

British Geological Survey & The Department of Public Health Engineering (BGS & DPHE). 2001. Arsenic contamination of groundwater in Bangladesh. *British Geological Survey Technical Report WC/00/19*, 1. (also available at http://nora.nerc.ac.uk/id/eprint/11986).

Bruinsma, J. 2011.The resources outlook: by how much do land, water and crop yields need to increase by 2050?In P. Conforti, ed. *Looking Ahead in World Food and Agriculture: Perspectives to 2050*, pp. 233–275. FAO. (also available at http://www.fao.org/docrep/014/ i2280e/i2280e. pdf).

Byerlee, D., Falcon, W.P.& Naylor, R.L. 2017. *The tropical oil crop revolution: food, feed, fuel & forests*. New York, Oxford University Press.(also available at https://global.oup.com/ academic/ product/the-tropical-oil-crop-revolution-9780190222987?).

Campbell, B.M., Beare, D.J., Bennett, E.M., Hall-Spencer, J.M., Ingram, J.S.I., Jaramillo, F., Ortiz, R., Ramankutty, N., Sayer, J.A. & Shindell, D. 2017. Agriculture production as a major driver of the earth system exceeding planetary boundaries. *Ecology and Society*, 22(4). https://doi.org/10.5751/ES-09595-220408.

Camarillo-Naranjo JM, Álvarez-Francoso JI, Limones-Rodríguez N, Pita-López MF & Aguilar-Alba M. 2018. The global climate monitor system: from climate data- handling to knowledge dissemination. International Journal of Digital Earth, DOI:10.1080/17538947.2018. 1429502.

Cassou, E., Jaffee, S.M. & Ru, J. 2017. *The challenge of agricultural pollution: evidence from*

China, Vietnam, and the Philippines. Washington, DC, IBRD/World Bank.(also available at https://elibrary.worldbank.org/doi/abs/10.1596/978-1-4648-1201-9).

Chen, B., Han, M.Y., Peng, K., Zhou, S.L., Shao, L., Wu, X.F., Wei, W.D., Liu, S.Y., Li, Z., Li, J.S.& Chen, G.Q. 2018. Global land-water nexus: Agricultural land and freshwater use embodied in worldwide supply chains. *Science of the Total Environment*, 613–614:931–943. https://doi.org/10.1016/j.scitotenv.2017.09.138.

Chuanchuen R., Pariyotorn N., Siriwattanachai K., Pagdepanichkit S., Srisanga S., Wannaprasat W., Phyo Thu W., Simjee S. & Otte J. 2014. Review of the literature on antimicrobial resistance in zoonotic bacteria from livestock in East, South and Southeast Asia. FAO Regional Office for Asia and the Pacific, Animal Production and Health Commission for Asia and the Pacific.

Cramer, W., Yohe, G.W., Auffhammer, M., Huggel, C., Molau, U., Da Silva Dias, M.A.F., Solow, A., Stone, D.A. & Tibig, L. 2014. Detection and attribution of observed impacts. *Climate change 2014: Impacts, adaptation, and vulnerability. Part B: Regional aspects. Working group II contribution to the IPCC Fifth Assessment Report:* 979–1038. (also available at www.cambridge.org/9781107641655).

Ebi, K.L. & Ziska, L.H. 2018. Increases in atmospheric carbon dioxide: Anticipated negative effects on food quality. *PLoS Medicine, 15(7). https://doi.org/10.1371/journal. pmed.1002600.*

Erban, L.E., Gorelick, S.M. & Zebker, H.A. 2014. Groundwater extraction, land subsidence, and sea-level rise in the Mekong Delta, Vietnam. *Environmental Research Letters*, 9(084010). https://doi.org/10.1088/1748-9326/9/8/084010.

Ericson, J.P., Vörösmarty, C.J., Dingman, S.L., Ward, L.G. & Meybeck, M. 2006. Effective sea-level rise and deltas: Causes of change and human dimension implications. *Global and Planetary Change*, 50(1–2):63–82. https://doi.org/10.1016/j.gloplacha.2005.07.004.

FAO. 2011. The state of the world's land and water resources for food and agriculture (SOLAW) – Managing systems at risk. (also available at http://www.fao.org/nr/solaw/the- book/en/).

FAO. 2015. *Global forest resources assessment 2015:How are the world's forests changing?* Rome. (also available at http://www.fao.org/forest-resources-assessment/current-assessment/en/).

FAO. 2016. The state of world fisheries and aquaculture: contributing to food security and nutrition for all. Rome. (also available at http://www.fao.org/3/a-i5555e.pdf).

FAO. 2017. *The future of food and agriculture – Trends and challenges*. Rome. (also available at http://www.fao.org/3/a-i6583e.pdf).

FAO. 2018a. *FAOSTAT* [online]. www.fao.org/faostat/.

FAO. 2018b.*The state of the world's forests – Forest pathways to sustainable development.* Rome.

(also available at http://www.fao.org/state-of-forests/en/).

FAO. 2018c. *AQUASTAT* [online]. http://www.fao.org/nr/water/aquastat/main/index.stm

FAO. 2018d. *The impact of disasters and crises on agriculture and food security 2017*. Rome. (also available at http://www.fao.org/3/I8656EN/i8656en.pdf).

Gadde, B., Bonnet, S., Menke, C. & Garivait, S. 2009. Air pollutant emissions from rice straw open field burning in India, Thailand and the Philippines. *Environmental Pollution*, 157(5):1554–1558. https://doi.org/10.1016/j.envpol.2009.01.004.

Gulati, A. & Sharma, A. 1995. Subsidy syndrome in Indian agriculture. *Economic and Political Weekly*, 30(39): A93–A102. (also available at http://www.jstor.org/stable/4403271).

Hens, L., Thinh, N.A., Hanh, T.H., Cuong, N.S., Lan, T.D., Thanh, N. Van & Le, D.T. 2018. Sea-level rise and resilience in Vietnam and the Asia-Pacific: A synthesis. *Vietnam Journal of Earth Sciences*, 40(2):126–152. https://doi.org/10.15625/0866-7187/40/2/11107.

Hoegh-Guldberg, O., Cai, R., Poloczanska, E.S., Brewer, P.G., Sundby, S., Hilmi, K., Fabry, V.J. & Jung, S. 2014. The ocean.*Climate change 2014: Impacts, adaptation, and vulnerability. Part B: Regional aspects. Working group II contribution to the IPCC Fifth Assessment Report*, pp. 1655–1732. New York. (also available at www.cambridge.org/9781107683860).

Hussain, I. & Biltonen, E. 2001.*Irrigation against rural poverty: An overview of issues and pro-poor intervention strategies in irrigated agriculture in Asia*. Colombo, International Water Management Institute. Proceedings of National Workshops on Pro-Poor Intervention Strategies in Irrigated Agriculture in Asia (9–10 August 2001).(also available at https://hdl. handle. net/10568/38022).

Ingalls, M.L., Diepart, J.-C., Truong, N., Hayward, D., Niel, T., Sem, T., Phomphakdy, M., Bernhard, R., Fogarizzu, S., Epprecht, M., Nanthavong, V., Vo, D.H., Nguyen, D., Nguyen, P.A., Saphanthong, T., Inthavong, C., Hett, C. & Tagliarino, N. 2018. The Mekong state of land. Bern, Centre for Development and Environment & University of Bern and Mekong Region Land Governance. (also available at http://mrlg.org/resources/mekong- state-of-land-brief/).

IPCC. 2012. Managing the risks of extreme events and disasters to advance climate change adaptation. Summary for policymakers. *Special Report of the Intergovernmental Panel on Climate Change*. https://doi.org/10.1017/CBO9781139177245.

Johnson, J.E., Bell, J.D., Allain, V., Hanich, Q., Lehodey, P., Moore, B.R., Nicol, S., Pickering, T. & Senina, I. 2017. The Pacific Island region: fisheries, aquaculture and climate change. In B.F.Phillips & M. Pérez-Ramírez, eds. *Climate change impacts on fisheries and aquaculture: A global analysis, I*, pp. 333–379.John Wiley & Sons, Ltd. (also available at https://onlinelibrary. wiley.com/doi/pdf/10.1002/9781119154051.ch11).

Kulkarni, H., Shah, M. & Vijay Shankar, P.S. 2015. Shaping the contours of groundwater governance in India. *Journal of Hydrology: Regional Studies*, 4:172–192. https://doi.org/10.1016/j.ejrh.2014.11.004.

Lambin, E.F. & Meyfroidt, P. 2011. Global land use change, economic globalization, and the looming land scarcity. *PNAS*, 108(9):3465–3472. https://doi.org/10.1073/pnas.1100480108.

Lee, J.-W. & McKibbin, W.J. 2004. Estimating the global economic costs of SARS. 92–109 pp. Li, D. & Daler, D. 2004. Ocean pollution from land based sources: East China Sea, China. *Ambio*, 33(1–2):107–113. https://doi.org/10.1579/0044-7447-33.1.107.

Liu, J., You, L., Amini, M., Obersteiner, M., Herrero, M., Zehnder, A.J.B. & Yang, H. 2010. A high-resolution assessment on global nitrogen flows in cropland. *PNAS*, 107(17):8035–8040. https://doi.org/10.1073/pnas.0913658107.

Liu, Z., Zhang, G. & Yang, P. 2016. Geographical variation of climate change impact on rice yield in the rice-cropping areas of Northeast China during 1980–2008.*Sustainability*, 8(7). https://doi.org/10.3390/su8070670.

Lobell, D.B.& Burke, M.B. 2008. Why are agricultural impacts of climate change so uncertain? The importance of temperature relative to precipitation. *Environmental Research Letters*, 3(034007). https://doi.org/10.1088/1748-9326/3/3/034007.

Lobell, D.B.& Gourdji, S.M. 2012. The influence of climate change on global crop productivity. *Plant Physiology*, 160:1686–1697. https://doi.org/10.1104/pp.112.208298.

Lobell, D.B., Schlenker, W. & Costa-Roberts, J. 2011. Climate trends and global crop production since 1980.*Science*, 333(6042):616–620. https://doi.org/10.1126/science.1204531.

Luo, Y., Wu, L., Liu, L., Han, C. & Li, Z. 2009. *Heavy metal contamination and remediation in Asian agricultural land*. (also available at http://www.niaes.affrc.go.jp/marco/marco2009/english/program/S-1_LuoYM.pdf).

Meng, Q., Chen, X., Lobell, D.B., Cui, Z., Zhang, Y., Yang, H. & Zhang, F. 2016. Growing sensitivity of maize to water scarcity under climate change. *Scientific Reports*, 6(19605). https://doi.org/10.1038/srep19605.

Meng, Q., Hou, P., Lobell, D.B., Wang, H., Cui, Z., Zhang, F. & Chen, X. 2014. The benefits of recent warming for maize production in high latitude China. *Climatic Change*, 122(1–2):341–349. https://doi.org/10.1007/s10584-013-1009-8.

Morens, D.M.& Fauci, A.S. 2013. Emerging infectious diseases: Threats to human health and global stability. *PLoS Pathogens*, 9(7):7–9. https://doi.org/10.1371/journal.ppat.1003467.

Myers, S.S., Smith, M.R., Guth, S., Golden, C.D., Vaitla, B., Mueller, N.D., Dangour, A.D. & Huybers, P. 2017. Climate change and global food systems: Potential impacts on food security and undernutrition. *Annual Review of Public Health*, 38:259–277. https://doi.org/10.1146/annurev-publhealth-031816-044356.

NASA. 2015. Cumulative total India freshwater losses as seen by NASA GRACE, 2002–15. Available at https://images.nasa.gov/details-PIA20206.html.

Neumann, B., Vafeidis, A.T., Zimmermann, J. & Nicholls, R.J. 2015. Future coastal population growth and exposure to sea-level rise and coastal flooding – A global assessment. *PLoS ONE*, 10(6). https://doi.org/10.1371/journal.pone.0131375.

Osorio, C.G., Abriningrum, D.E., Armas, E.B. & Firdaus, M. 2011. Who is benefiting from fertilizer subsidies in Indonesia?World Bank Policy Research Working Paper No. 5758. (also available at http://hdl.handle.net/10986/3519).

Pardey, P.G. 2011. African agricultural productivity growth and R&D in a global setting. *Stanford symposium series on global food policy and food security in the 21st century*.(also available at https://fse.fsi.stanford.edu/zh-ch/multimedia/african-agricultural-rd-and- productivity-growth-global-setting-1).

Pearson, T.R.H., Brown, S., Murray, L. & Sidman, G. 2017. Greenhouse gas emissions from tropical forest degradation: an underestimated source. *Carbon Balance and Management*, 12(3). https://doi.org/10.1186/s13021-017-0072-2.

Pingali, P.L.& Roger, P.A., eds. 1995. *Impact of pesticides on farmer health and the rice environment*. International Rice Research Institute, Los Baños Philippines and Kluwer Academic Publishers, Norwell, Massachusetts USA.(also available at https://www.springer. com/la/book/9780792395218).

Porter, J.R., Xie, L., Challinor, A.J., Cochrane, K., Howden, S.M., Iqbal, M.M., Lobell, D.B.& Travasso, M.I. 2014. Food security and food production systems. *Climate change 2014: Impacts, adaptation, and vulnerability. Part B: Regional aspects. Working group II contribution to the IPCC Fifth Assessment Report:* 485–533.(also available at www.cambridge. org/9781107641655).

Portmann, F.T., Siebert, S. & Döll, P. 2010. MIRCA2000—Global monthly irrigated and rainfed crop areas around the year 2000:A new high-resolution data set for agricultural and hydrological modeling. *Global Biogeochemical Cycles*, 24(GB1011). https://doi.org/10.1029/2008GB003435.

Postel, S.L. 2000. Entering an era of water scarcity: The challenges ahead. *Ecological Applications*, 10(4):941–948. https://doi.org/10.2307/2641009.

Prakongsai, P. & et al. 2012. Prevention and control of antimicrobial resistance in Thailand

Ray, D.K.& Foley, J.A. 2013. Increasing global crop harvest frequency: Recent trends and future directions. *Environmental Research Letters*, 8(044041). https://doi.org/10.1088/ 1748-9326/8/4/044041.

Reid, R.S., Bedelilan, C., Said, M.Y., Kruska, R.L., Mauricio, R.M., Castel, V., Olson, J. &

Thornton, P.K. 2010. Global livestock impacts on biodiversity. In H. Steinfeld, H.A.Mooney, F. Schneider & L.E.Neville, eds.*Livestock in a changing landscape, Volume 1: drivers, consequences and responses*, pp. 111–137.Washington, DC.

Rijsberman, F.R. 2004. Water scarcity:Fact or fiction? *Proceedings of the 4th International Crop Science Congress, 26 Sep – 1 Oct 2004*. (also available at http://www.sciencedirect.com/science/article/pii/S0378377405002854).

Rodriguez-Llanes, J.M., Ranjan-Dash, S., Mukhopadhyay, A. & Guha-Sapir, D. 2016. Flood-exposure is associated with higher prevalence of child undernutrition in rural Eastern India. *International Journal of Environmental Research and Public Health*, 13(210). https://doi.org/10.3390/ijerph13020210.

Rossoll, D., Bermúdez, R., Hauss, H., Schulz, K.G., Riebesell, U., Sommer, U. & Winder, M. 2012. Ocean acidification-induced food quality deterioration constrains trophic transfer. *PLoS ONE*, 7(4): e34737. https://doi.org/10.1371/journal.pone.0034737.

Scheierling, S.M. & Treguer, D.O. 2016. Enhancing water productivity in irrigated agriculture in the face of water scarcity. *Choices Magazine*, 31(3). (also available at http://www.choicesmagazine.org/choices-magazine/theme-articles/theme-overview-water-scarcity-food-production-and-environmental-sustainabilitycan-policy-make-sense/enhancing-water-productivity-in-irrigated-agriculture-in-the-face-of-water-scarcity).

Schlenker, W. & Roberts, M.J. 2009. Nonlinear temperature effects indicate severe damages to U.S. crop yields under climate change. PNAS, 106(37):15594–15598. https://doi.org/10.1073/pnas.0906865106.

Seckler, D., Barker, R. & Amarasinghe, U. 1999. Water scarcity in the twenty-first century. *International Journal of Water Resources Development*, 15(1–2):29–42. https://doi.org/10.1080/07900629948916.

Simonsen, L., Spreeuwenberg, P., Lustig, R., Taylor, R.J., Fleming, D.M., Kroneman, M., Van Kerkhove, M.D., *et al.* 2013. Global mortality estimates for the 2009 influenza pandemic from the GLaMOR project: A modeling study.*PLoS Medicine*, 10(11). https://doi. org/10.1371/journal.pmed.1001558.

Springmann, M., Mason-D'Croz, D., Robinson, S., Garnett, T., Godfray, H.C.J., Gollin, D., Rayner, M., Ballon, P. & Scarborough, P. 2016. Global and regional health impacts of future food production under climate change: a modelling study. *The Lancet*. https://doi.org/ 10.1016/S0140-6736(15)01156-3.

Stanke, C., Kerac, M., Prudhomme, C., Medlock, J. & Murray, V. 2013. Health effects of drought: A systematic review of the evidence. *PLoS Currents*, 5. https://doi.org/10.1371/currents.dis.7a2cee9e980f91ad7697b570bcc4b004.

Strokal, M., Yang, H., Zhang, Y., Kroeze, C., Li, L., Luan, S., Wang, H., Yang, S. & Zhang, Y. 2014. Increasing eutrophication in the coastal seas of China from 1970 to 2050.*Marine Pollution Bulletin*, 85:123–140. https://doi.org/10.1016/j.marpolbul.2014.06.011.

Sugiura, T., Sumida, H., Yokoyama, S. & Ono, H. 2012. Overview of recent effects of global warming on agricultural production in Japan. *JARQ*, 46(1):7–13. https://doi.org/10.6090/jarq.46.7.

Syvitski, J.P.M., Kettner, A.J., Overeem, I., Hutton, E.W.H., Hannon, M.T., Brakenridge, G.R., Day, J., Vörösmarty, C., Saito, Y., Giosan, L. & Nicholls, R.J. 2009. Sinking deltas due to human activities. *Nature Geoscience*, 2(10):681–686. https://doi.org/10.1038/ngeo629.

Thornton, P.K., van de Steeg, J., Notenbaert, A. & Herrero, M. 2009. The impacts of climate change on livestock and livestock systems in developing countries: A review of what we know and what we need to know. *Agricultural Systems*, 101:113–127. https://doi.org/10.1016/j.agsy.2009.05.002.

Tirado, R. 2007. Nitrates in drinking water in the Philippines and Thailand. *Greenpeace Research Laboratories Technical Note*, 10. (also available at http://www.greenpeace.to/ publications/nitrates_philippines_thailand.pdf).

Transparency Market Research (TMR). 2012. Animal feed and feed additives market:Global industry size, market share, trends, analysis and forecast 2011–2018.(also available at https://www.transparencymarketresearch.com/animal-feed-and-feed-additives-market.html).

UNESCAP, ADB & UNDP. 2018. *Transformation towards sustainable and resilient societies in Asia and the Pacific.*(also available at https://www.unescap.org/publications/ transformation-towards-sustainable-and-resilient-societies-asia-and-pacific).

United Nations World Water Assessment Programme (WWAP). 2012. *The United Nations World Water Development Report 4: Managing Water under Uncertainty and Risk.* Paris, UNESCO. (also available at http://www.unesco.org/new/en/natural-sciences/environment/water/wwap/wwdr/wwdr4-2012/).

University of East Anglia Climatic Research Unit (UEACRU). [Phil Jones, Ian Harris]. CRU TS3.21: Climatic Research Unit (CRU) Time-Series (TS) Version 3.21 of High Resolution Gridded Data of Month-by-month Variation in Climate (Jan. 1901 - Dec. 2012), [Internet]. NCAS British Atmospheric Data Centre, 2013, Date of citation. Available from http:// badc.nerc.ac.uk/view/badc.nerc.ac.uk ATOM ACTIVITY_0c08abfc-f2d5-11e2-a948- 00163e251233；doi: 10.5285/D0E1585D-3417-485F-87AE-4FCECF10A992.

University of Seville. 2017. *Global Climate Monitor* [online]. http://www.globalclimatemonitor.org/.

Vijay, V., Pimm, S.L., Jenkins, C.N. & Smith, S.J. 2016. The impacts of oil palm on recent deforestation and biodiversity loss. *PLoS ONE*, 11 (7): e0159668. https://doi.org/10.1371/journal.pone.0159668.

Wada, Y., Van Beek, L.P.H. & Bierkens, M.F.P. 2012. Nonsustainable groundwater sustaining irrigation: A global assessment. *Water Resources Research*, 48(W00L06). https://doi.org/10.1029/2011WR010562.

Welcomme, R.L., Baird, I.G., Dudgeon, D., Halls, A., Lamberts, D. & Mustafa, M.G. 2016. Fisheries of the rivers of Southeast Asia. In J.F. Craig, ed. *Freshwater Fisheries Ecology*. First edition, pp. 363–376. John Wiley & Sons, Ltd. (also available at https://onlinelibrary. wiley.com/doi/abs/10.1002/9781118394380.ch29).

Weyant, C., Brandeau, M.L., Burke, M., Lobell, D.B., Bendavid, E. & Basu, S. 2018. Anticipated burden and mitigation of carbon dioxide-induced nutritional deficiencies and related diseases: a simulation modeling study. *PLoS Med*, 15(7). https://doi.org/10.1371/ journal.pmed.1002586.

Wiebe, K., Lotze-Campen, H., Sands, R., Tabeau, A., Van Der Mensbrugghe, D., Biewald, A., Bodirsky, B., et al. 2015. Climate change impacts on agriculture in 2050 under a range of plausible socioeconomic and emissions scenarios. *Environmental Research Letters*, 10(085010). https://doi.org/10.1088/1748-9326/10/8/085010.

World Resources Institute. 2018. *CAIT Climate Data Explorer* [online]. http://cait.wri.org Yan, X., Ti, C., Vitousek, P., Chen, D., Leip, A., Cai, Z. & Zhu, Z. 2014. Fertilizer nitrogen recovery efficiencies in crop production systems of China with and without consideration of the residual effect of nitrogen. *Environmental Research Letters*, 9(095002). https://doi.org/10.1088/1748-9326/9/9/095002.

Zhang, R., Eggleston, K., Rotimi, V. & Zeckhauser, R.J. 2006. Antibiotic resistance as a global threat: Evidence from China, Kuwait and the United States. *Globalization and Health*, 2. https://doi.org/10.1186/1744-8603-2-6.

Zhang, Z., Song, X., Tao, F., Zhang, S. & Shi, W. 2016. Climate trends and crop production in China at county scale, 1980 to 2008. *Theoretical and Applied Climatology*, 123(1–2): 291–302. https://doi.org/10.1007/s00704-014-1343-4.

第四章 膳食多样化及其对农民和营养的影响

4.1 亚太地区营养不良问题：趋势和结果

亚太地区面临着营养不良的多重负担。膳食能量和蛋白质摄入不足、微量营养素缺乏、超重和肥胖问题（图4-1）可在同一国家甚至同一家庭或同一人身上并存。在亚洲，营养不足比肥胖更为普遍——亚洲肥胖症发生率目前处在世界最低水平，亚洲各国肥胖症发生率均低于20%。另一方面，亚洲肥胖症发生率正在上升，且亟待解决，以免问题加剧。太平洋地区的营养不足和肥胖已然成为影响公共健康的重要问题。此外，必须认识到，营养不良不仅是一个公共健康问题，还会造成重大经济影响。下文将对部分影响进行详细阐述。

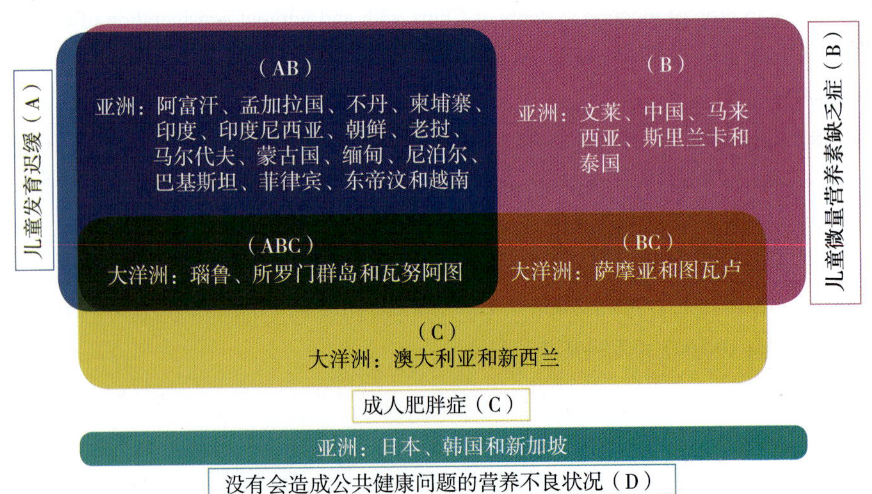

图4-1 亚太地区营养不良的多重负担

资料来源：FAO修订更新（2013）。

注：根据儿童发育迟缓、儿童微量营养素缺乏症和成人肥胖症的发生率是否会造成公共健康问题来对国家进行分类。若其中一种状况的发生率超过20%，则认为会造成公共健康问题。

4.1.1 营养不足

广义的营养不足是指：摄入的膳食能量、优质蛋白质或微量营养素不足以维持健康生活。顾名思义，食品摄入不足会造成营养不足，但如果人们无法获得安全饮用水和适当卫生设施，或因重大疾病负担而无法对食品进行充分利用，也可能会导致营养不足。特别是在儿童发育的关键的前1 000天，营养不良会导致发育迟缓（包括身体和认知）、疾病和长期并发症，从而增加医疗费用，降低教育水平、劳动参与度，最终导致个人创收能力下降（Hoddinott等，2013；Hoddinott，2013）。因此，营养不足正在加重家庭和国民经济的多重负担。

在可持续发展目标框架中，营养不足的衡量指标包括：发育迟缓发生率、营养不足发生率、使用粮食不安全经历分级表衡量的中度或重度粮食不安全发生率、消瘦发生率。多数关于营养不足对人体发育影响的研究关注5岁以下儿童的发育迟缓问题（定义为儿童身高低于参考标准身高中位数减两个标准差），原因在于发育迟缓可作为慢性营养不良的衡量标准，且反映膳食的数量和质量。还有研究表明，2岁以内出现的发育迟缓会造成终身影响（Black等，2013；Victora等，2008）。鉴于上述终身影响，本章将重点关注发育迟缓这一关键指标。

东亚和东南亚均实现了1990—2015年将营养不足人口（膳食能量摄入不足人口）比例减半的千年发展目标，南亚也取得重要进展（FAO，2016）。几十年来，发育迟缓发生率也显著下降（图4-2）。太平洋岛国却是一个例外，其状况未见改善，原因可能是经济增长乏力影响了家庭收入，还有农业增长缓慢，再加上地理位置隔绝，限制了多样化膳食的供应和获取（见插文2）。目前，太平洋地区的发育迟缓发生率高于其他次区域。

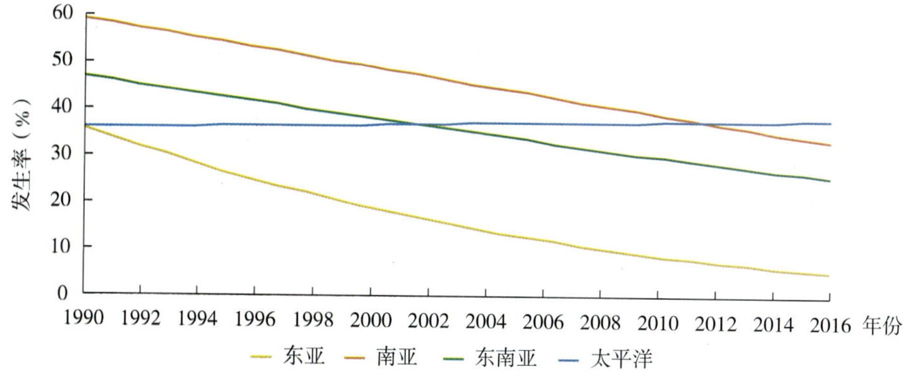

图4-2 1990—2016年各次区域5岁以下儿童的发育迟缓发生率趋势

资料来源：UNICEF，WHO和The World Bank Group（2018）。

尽管亚太地区大部分国家持续取得进展，但在许多国家，特别是人均国内生产总值较低的国家，发育迟缓发生率仍居高不下。14个国家的发育迟缓发生率超过30%，其中多国人口众多，分布于除东亚以外的各次区域。虽然农村地区的发育迟缓发生率高于城市，但城市发生率也处在较高水平。发育迟缓问题在城乡均构成严峻挑战（图2-5）。事实上，城市地区最贫困的五分之一人口的发育迟缓发生率往往略高于农村地区最贫困的五分之一人口（FAO，2018a）。在城市地区，最贫困的五分之一人口往往居住于拥挤的贫民窟中，缺乏良好的卫生设施，情况比农村地区更加危险。同时，由于相对缺乏自给自足的能力，城市贫困人口更可能遭受宏观经济冲击的影响（图5-4）。

微量营养素缺乏症在亚太地区十分普遍（图4-3），其中最常见的是缺铁、维生素A、碘和锌。微量营养素缺乏通常被称为“隐性饥饿”，因为虽然微量营养素对人体健康至关重要，但微量营养素缺乏症患者并非食不果腹，与膳食热量摄入不足的情况不同。隐性饥饿影响着数十亿人，导致发育迟缓、疾病和健康状况不佳。例如，维生素A是人类视觉功能、生长和发育所需的基本营养素，即使是轻度维生素A缺乏也会增加患病和死亡的风险。1991—2013年，除南亚外的各次区域在降低维生素A缺乏发生率方面进展迅速，唯独南亚的发生率居高不下（Stevens等，2015）。孕期缺铁或贫血会增加新生儿低体重的风

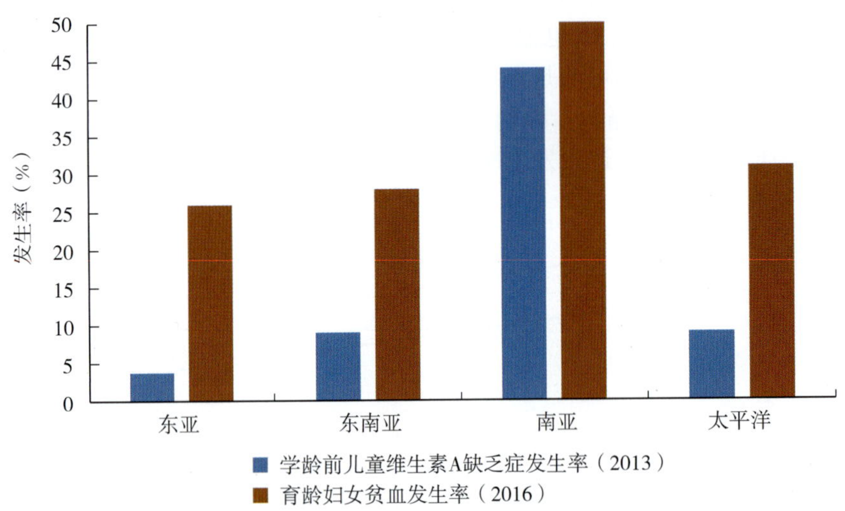

图4-3　各次区域妇女儿童微量营养素缺乏症发生率（可用的最近一年数据）

资料来源：《全球营养报告（2013）》和WHO（2016）。

注：学龄前儿童维生素A缺乏症发生率为估值。育龄妇女贫血发生率为估值。

险和母婴死亡风险（Young和Ramakrishnan，2017）。缺碘会造成大脑损伤，损害身体和认知发育，增加婴儿死亡率，并诱发甲状腺肿大和甲状腺功能亢进症。亚太地区多地存在土壤碘元素流失现象，大多数食品含碘量低（de Pee，2017）。因此，亚太地区多国实施了强制食盐加碘的营养强化政策。缺锌情况的相关数据不足，但据估计，亚太地区的孟加拉国、巴基斯坦、菲律宾、越南等国家中，30%以上的人口缺锌（Hess，2017）。缺锌会导致免疫系统功能低下和患病率上升（Micronatrient Initiative，2015）。微量营养素缺乏症通常在低收入的次区域更为普遍（图4-3）。

4.1.2 营养过剩

营养过剩是指相较于消耗的能量（如运动、步行、体力劳动），机体从食品（包括高盐、高糖、高饱和脂肪的劣质食品）中摄入的能量过多。营养过剩日益成为举足轻重的公共健康、经济和政治问题。当前在许多发展中国家，与膳食有关的非传染性疾病（如糖尿病、心脏病）是死亡和发病的罪魁祸首，致使医疗费用不断攀升，使卫生保健系统有限的财政能力捉襟见肘（Allotey，Davey和Reidpath，2014；IFPRI，2015，2016；NCD-RisC，2016）。在中国，肥胖症造成的经济损失占国内生产总值的比重预计将从2000年的4%升至2025年的9%（IFPRI，2016）。在印度尼西亚，肥胖症造成的医疗和生产能力损失预计在20亿～40亿美元（Helble和Francisco，2017）。由于许多中低收入国家背负着肥胖相关疾病带来的沉重财政负担，且尚未建立公共部门供资的医疗保健系统，所以家庭承担了非传染性疾病的大部分费用，可能会因此陷入贫困（Allotey，Davey和Reidpath，2014；IFPRI，2016）。

营养过剩最常用的衡量指标是身体质量指数（体质指数），即体重（以千克计）除以身高（以米计）的平方，数值在25至30之间为超重，超过30为肥胖。当前各次区域的肥胖水平差异较大。太平洋地区的肥胖症发生率为全球最高，尤其是密克罗尼西亚和法属波利尼西亚（NCD-RisC，2018）。相比之下，当前亚洲国家的成人肥胖症发生率普遍为全球最低水平，高收入国家（日本、韩国和新加坡）尤其如此。然而，随着中等收入国家不健康食品的销量上升（详见本章），各国的肥胖症发生率均在猛增（图4-4）。此外，有证据表明，亚洲体质指数较低的人群也会遭受超重（肥胖）的负面影响（Ma和Chan，2013；Wen等，2009；WHO expert consultation，2004）。

在各次区域中，女性肥胖症发生率往往高于男性。原因虽尚不明确，但可能包括：遗传因素；性别不平等导致女性留守家中的可能性更高；与男性相比，女性摄入的碳水化合物相对较多，蛋白质较少（Bhurosy和Jeewon，2014）。

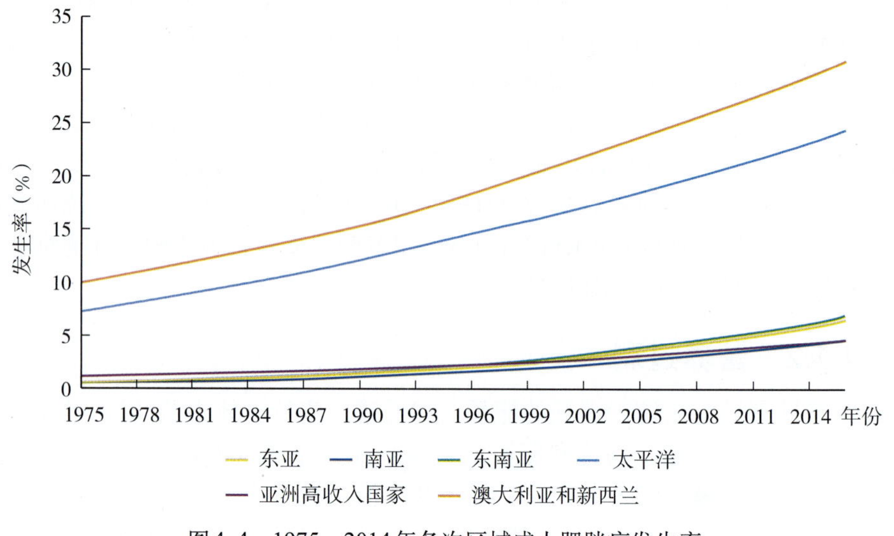

图4-4　1975—2014年各次区域成人肥胖症发生率

资料来源：NCD-RisC（2018）。
注：亚洲高收入国家包括文莱、日本、韩国和新加坡。

总而言之，在全球范围内，肥胖症在较高收入国家和城市更为普遍（相较于农村地区；图4-5）。经济条件改善、收入提高，会增加食品消费量，且与农村劳作相比，城市工作岗位容易使人久坐。然而，收入、城市化和肥胖症之间并非正相关关系。例如，如上所述，日本和韩国这两个高收入国家的肥胖症发生率很低。同样，在许多发达国家，最富裕公民的肥胖症发生率最低（Monteiro等，2004）。因此，收入提高并不必然导致肥胖——本章将详述膳食和城市食品环境的重要性。

4.1.3　营养状况变迁

应在营养状况变迁的背景下看待上述趋势（经济增长强劲的地区营养不足下降，且许多国家营养过剩上升），营养状况变迁就是人类活动和膳食特点的历史沿革（Popkin,2006）。营养状况变迁的各阶段包括：①狩猎采集；②定居农业兴起，饥荒风险上升；③工业化和膳食多样化，饥荒风险降低；④非传染性疾病发生率上升；⑤膳食和生活方式日趋健康（Popkin，2006）。鉴于经济的快速增长和城市化（第二章），亚太地区部分国家正处于快速的变迁之中。然而，并非所有的变迁阶段都必然发生。例如，亚太地区一些发达国家可能跳过了非传染性疾病发生率上升的阶段（如日本、韩国）。而且，营养状况变迁的不同阶段可以并存，各国不同人群于同一时期所处的阶段各异。本章下一节将探讨作为营养状况变迁基础的亚太地区膳食结构的变化趋势。

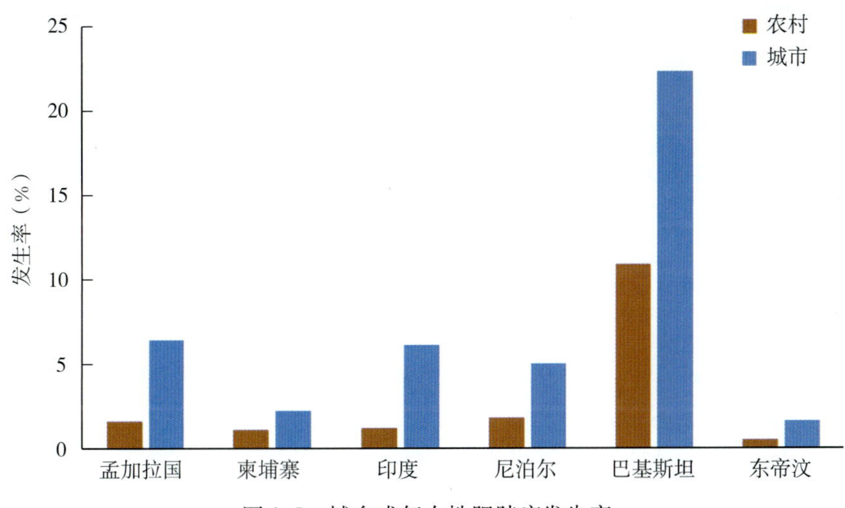

图4-5 城乡成年女性肥胖症发生率

资料来源：世卫组织全球卫生观察站（孟加拉国2011年；柬埔寨2010年；印度2005年；尼泊尔2011年；巴基斯坦2012年；东帝汶2009年）。

4.2 膳食结构变化趋势

几十年来，亚太地区食品消费模式发生重大变革，三大趋势尤其突出：淀粉类主食，特别是大米消费量普遍下降；动物源性食品和水果蔬菜的消费量增加；高盐、高糖、高饱和脂肪的超加工食品消费量增加。

4.2.1 主食

主食是全球各地人类社会的农业和文化根基。在亚太地区，绝大多数人口以大米为主食，但也有一些地区（阿富汗、巴基斯坦、中国和印度的部分地区、澳大利亚和新西兰）以小麦为主食，太平洋地区多以块根作物为传统主食。对上述各国而言，主食是最重要的单一热量来源，在一些国家，主食仍占膳食能量供应总量的一半或更多。

20世纪各次区域的人均主食消费量均有所增长，但近期，该数据开始趋向平稳（太平洋）或略微下降（东亚和南亚）（图4-6）。东南亚的人均消费量似乎仍在上升，但可能是某些国家数据出现问题所致（Bernadette，Munthe和Taylor，2016；SKRI，2016）。

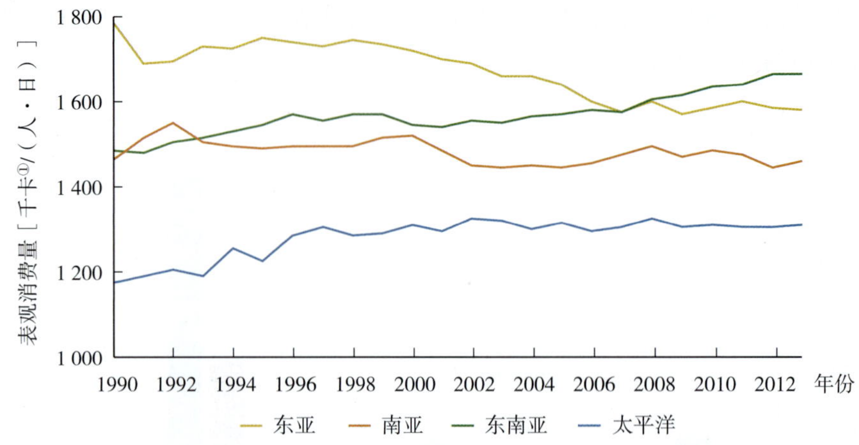

图4-6 1990-2013年各次区域谷物和淀粉类块根的表观消费量

资料来源：FAO（2018b）。

注：数据是以人口为权数得出的加权平均值。亚洲次区域包括高收入国家，但太平洋地区不包括澳大利亚和新西兰。

4.2.2 动物源性食品、果蔬和豆类

主食以外的膳食多样化对营养至关重要，因为不同的食品含有不同的宏量营养素和微量营养素。主食可提供膳食能量，但通常缺乏预防疾病和各种微量营养素缺乏症所需的关键营养素。因此，若膳食过度依赖主食，则更有可能导致身体和认知发育迟缓。含有微量营养素的主要食品类别包括动物源性食品（包括蛋、水产品、乳制品）、水果、蔬菜和豆类。特别是动物源性食品中富含维生素和矿物质，如铁、锌和维生素B_{12}，而植物源性食品中缺乏上述物质或不易吸收。同时，动物源性食品还富含优质蛋白质。幼儿进食量有限（因胃容量小），动物源性食品于其而言极为重要。然而，动物源性食品价格昂贵且易腐坏，往往较难获取。并非所有动物源性食品均含有相同营养素，因此，还要保证同一食品类别内的多样性。例如，尽管所有动物源性食品均能提供富含氨基酸的优质蛋白质，但水产品是获取人体所需脂肪酸的最便捷来源，而红肉中铁等矿物质的生物利用度较高（Allen，2008；de Pee，2017）。

植物源性食品可能富含纤维，有助于预防肥胖（Hawkes等，2015）。据世卫组织估计，2013年全球有500万人死于果蔬摄入不足（WHO，2018）。然而，果蔬中一些微量营养素的生物利用度较低，不易被人体吸收。果蔬含有丰富

① 1千卡≈4.186千焦。——编者注

的维生素C，但铁、锌和维生素B_{12}的生物利用度通常低于动物源性食品。豆类是蛋白质的优质来源，但其本身不能为儿童成长提供充足的铁、锌和维生素B_{12}。因此需要多样化膳食，确保足量摄入人体所需的全部氨基酸。

亚太地区动物源性食品（图4-7A）和果蔬（图4-7B）的消费量持续上升。在动物源性食品方面，东亚和东南亚的增速最快，南亚和太平洋地区增速稍缓。同样，东亚果蔬消费增速最快，太平洋地区增速最慢。

然而，豆类消费（图4-7C）变化趋势有所不同。东亚和南亚增长停滞不前，太平洋地区增幅较小。南亚过去几年有所增长，但增速远低于20世纪60年代的180千卡/(人·日)。

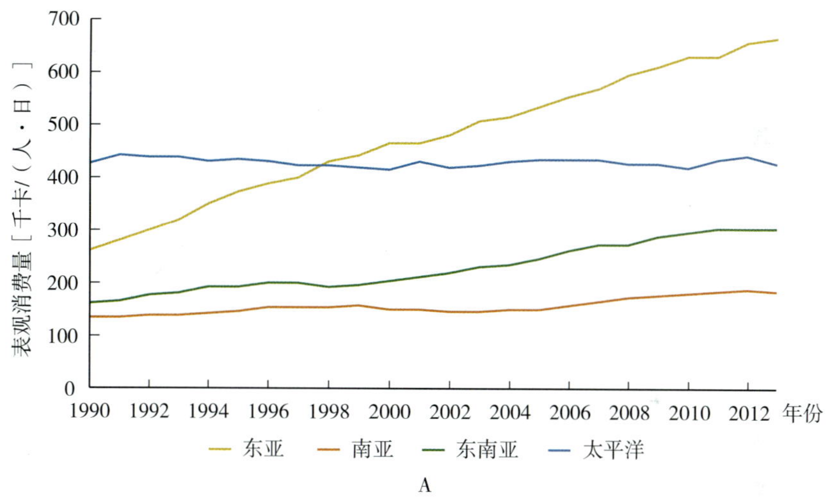

A

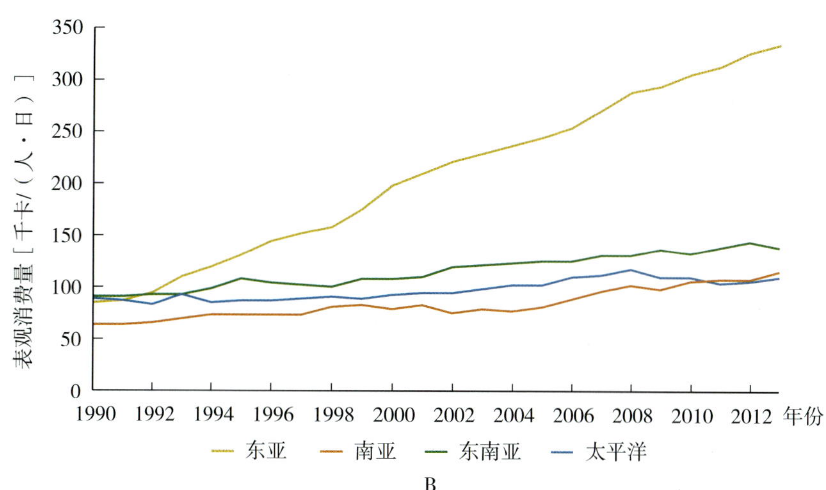

B

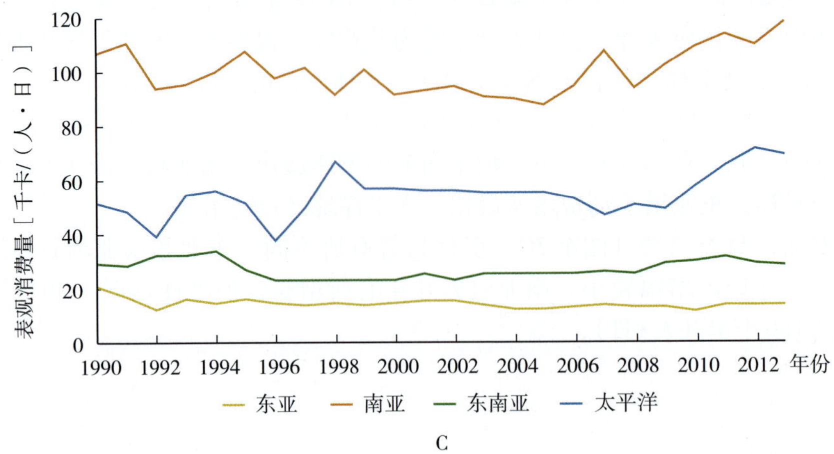

C

图4-7 1990—2013年各次区域各类食品表观消费量

A. 1990—2013年各次区域肉、奶、蛋、水产品、海产品的表观消费量

B. 1990—2013年各次区域果蔬的表观消费量

C. 1990—2013年各次区域豆类的表观消费量

资料来源：FAO（2018b）。

注：表观消费量的来源为食品平衡表，计算方法是产量加上进口，减去出口，减去累积库存，再减去生产制作、种子、饲料和废弃物消耗量。海产品指甲壳类动物、头足类动物和软体动物，但不包含水生植物。

数据是以人口为权数得出的加权平均值。亚洲次区域包括高收入国家，但太平洋地区不包括澳大利亚和新西兰。

4.2.3 脂肪、糖、盐

一定量的脂肪、糖、盐是各类膳食中不可或缺的，但过度摄入会引发严重的健康问题，目前许多人的摄入量已超过有益健康的最佳水平。自1990年以来，各次区域植物油和糖的消费量均有所增长，东南亚涨幅最大（15年上涨了45%），且植物油人均消费量也居首位（图4-8A、图4-8B）。“超加工食品和油脂”的销售数据显示，东南亚此类食品消费量高于东亚，且仍在上升(Baker和Friel，2016)。相应地，尽管东亚人均收入高于东南亚，但东南亚肥胖症发生率却略高于东亚（图4-4）。另外值得关注的是，在高收入国家中，日本、韩国和新加坡“超加工食品和油脂”消费量远低于澳大利亚和新西兰(Baker和Friel，2016)。因此，收入增加并不一定导致营养结构向高脂肪、高糖、高盐食品转变。营养状况的变迁似乎与膳食息息相关，体育锻炼等其他因素在此不做详述。

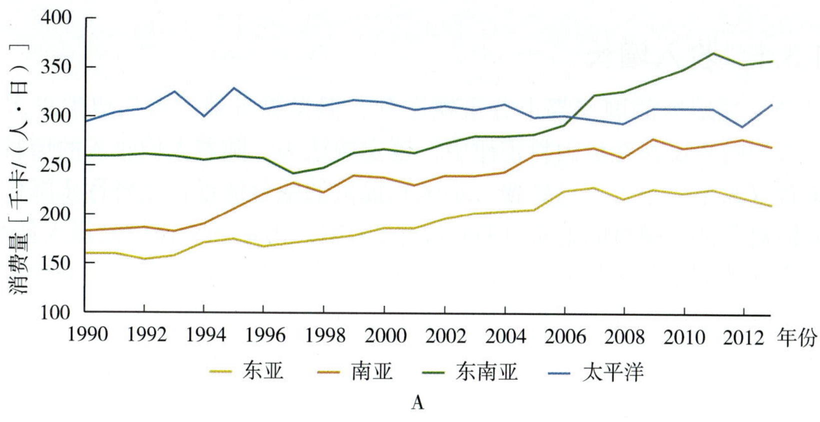

A

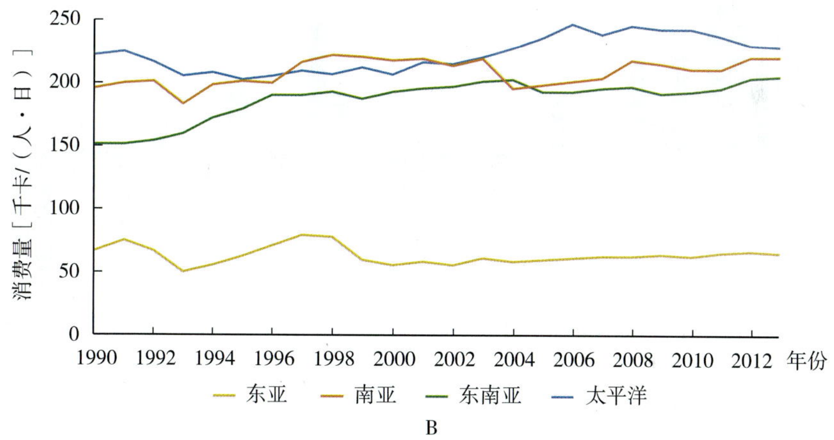

B

图4-8 1990—2013年各次区域油和糖表观消费量

A. 1990—2013年各次区域植物油和动物脂肪的表观消费量

B. 1990—2013年各次区域糖类和甜味剂的表观消费量

资料来源：FAO（2018b）。

注：表观消费量的来源为食品平衡表，计算方法是产量加上进口，减去出口，减去累积库存，再减去生产制作、种子、饲料和废弃物消耗量。其中不包括进口加工食品中的糖类和甜味剂，也不包括食品中天然含有的糖类物质（如水果和果汁所含有的糖）。

数据是以人口为权数得出的加权平均值。亚洲次区域包括高收入国家，但太平洋地区不包括澳大利亚和新西兰。

4.3 膳食和营养不良趋势成因

上述膳食结构的转变受诸多因素影响。收入增长、食品价格变化和城市化构成了影响消费者需求的几个最重要因素。此外，鉴于大部分膳食能量产自国内，因此国内食品生产结构的变化也是满足消费者需求的关键因素。

4.3.1 收入增长

尽管上述地区的国家都十分重视主食，但世界各地的人们也追求多样化膳食。这一趋势反映在贝内特定律中，该定律认为，随着人们收入的增长，淀粉类主食（大米、小麦、马铃薯、小米）提供的膳食能量占比将逐步降低，反映出人们对多样化膳食的追求（Timmer，2018）。考虑到个体能量摄入量有限，该趋势将导致淀粉类主食的人均消费量减少。在大米消费量方面，城市地区的降幅大于农村地区，高收入人口的降幅大于贫困人口（图4-9）。

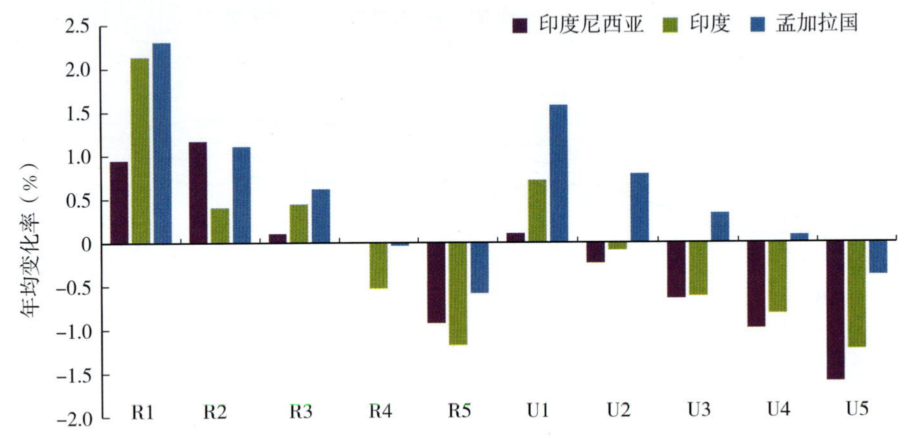

图4-9 印度尼西亚、印度、孟加拉国按收入五分位数和城乡区域划分的大米消费量年均变化率

资料来源：Timmer等（2010）。

注：R代表农村收入五分位数，U代表城市收入五分位数。1至5表示收入从低到高。该图评估了印度尼西亚1967—2006年、印度1983—2005年、孟加拉国1983—2005年的变化情况。

淀粉类主食类别之内的膳食也在日渐多样化，再次反映出人们对多样性的追求，特别是城市居民和年轻人。例如，中国南方的城市居民以大米为传统主食，随着收入的增加，他们往往（一定程度上）提高小麦消费，降低大米消费；北方城市地区则恰恰相反，随着收入的增加，以小麦为传统主食的人们往往（同样在一定程度上）提高大米消费，降低小麦消费（Timmer，Block和Dawe，2010）。即使在收入相同的情况下，年轻人担任户主的马来西亚家庭的小麦消费量往往高于年长户主的家庭（Timmer，Block和Dawe，2010）。

家庭调查数据显示，收入是各类营养食品（和营养价值较低的食品，见下文）消费的重要驱动因素。例如，随着孟加拉国城市居民财富的增加，蔬菜、肉、水产品、蛋、奶和豆类的消费量均有所增加（图4-10）。值得注意的是，豆类的收入弹性似乎小于其他食品（即图4-10中豆类部分各点比其他食品更为集中），这与上述各次区域豆类消费量缓增的趋势相符。

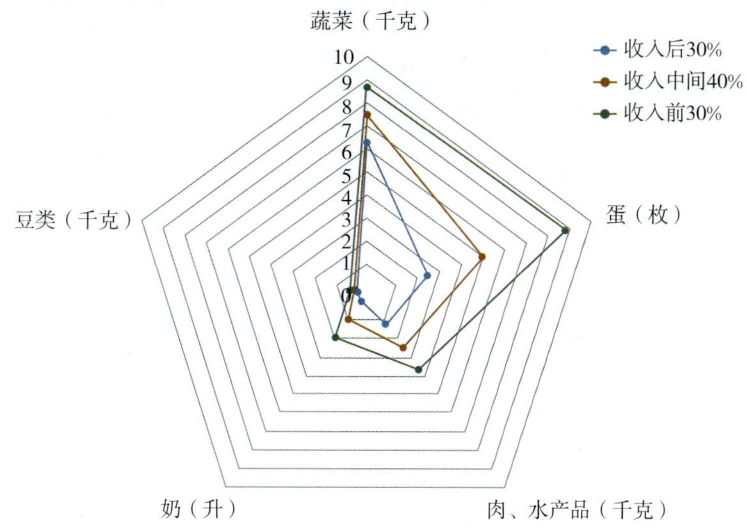

图4-10　2010年孟加拉国城市地区各收入群体月均食品消费量

资料来源：孟加拉国家庭收入和支出调查（2010）。

肉、水产品、奶的消费数据表明，在城市、乡村乃至全国，收入都是食品消费的重要驱动因素（图4-11A、图4-11B）。在孟加拉国和越南，肉类和水产品的收入弹性高于奶类，而印度则恰恰相反，这反映了各国不同的饮食偏好（Natrajan和Jacob，2018）。尽管如此，各地区所有产品的收入弹性均为正值，蛋类和蔬菜也是如此（图中未显示）。

三国的城乡蛋类消费情况（图4-12）表明，缺乏关键营养素的高能量主食（大米为主）仍然是贫困人口的主要食品，但贫困人口对营养食品的消费持续上升。考虑到贫困人口收入持续增加（第二章）以及消费与收入成正比，这一点不足为奇。

关于发育迟缓的多国分析和运用家庭调查数据进行的分析显示，家庭财富与发育迟缓发生率之间存在负相关关系。前文指出，营养食品的消费量随财富的增加而上升，这有助于阐释上述分析结果。对多国数据进行分析发现，人均收入水平越高，发育迟缓发生率就越低（Frongillo Jr.，Onis和Hanson，1997）。Ruel和Alderman（2013）也发现，发育迟缓发生率与人均国内生产总值成反比，但他们还指出人均国内生产总值增幅一定时，发育迟缓发生率的降幅小于贫困发生率。

在国家内部，最贫困20%人口的发育迟缓发生率远高于最富裕的20%人

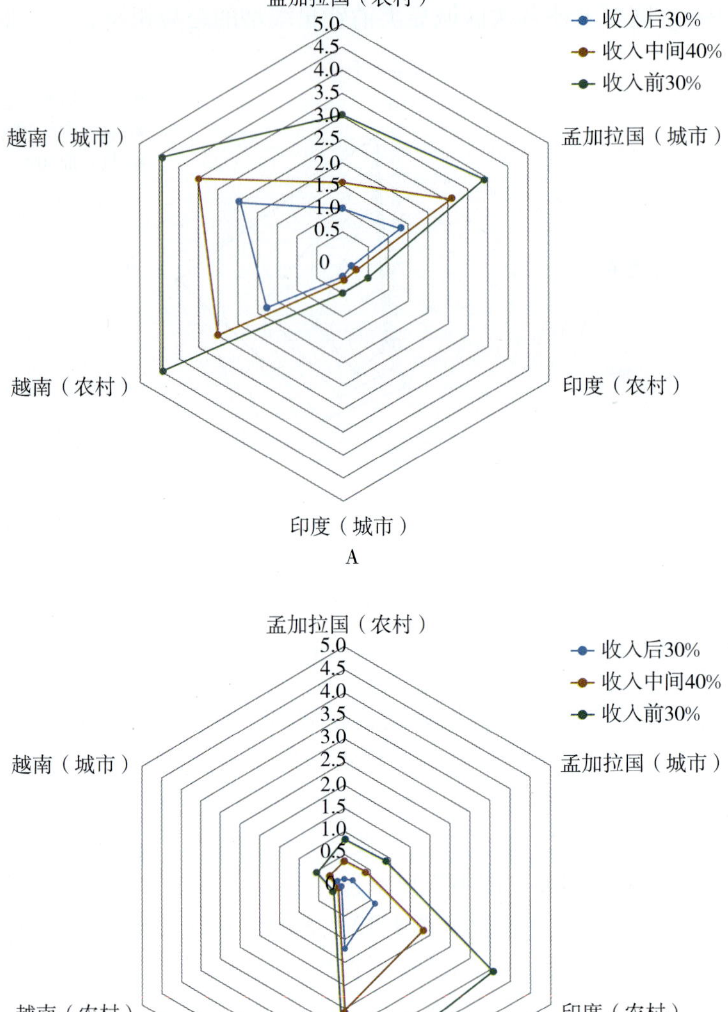

图4-11　城乡区域各收入群体肉类和水产品、奶类消费量

A.城乡区域各收入群体肉类和水产品月均消费量（千克）

B.城乡区域各收入群体奶类月均消费量（升）

资料来源：2010年孟加拉国家庭收入和支出调查，孟加拉国政府规划部统计厅；2009—2010年印度全国抽样调查，印度国家抽样调查组织；2010年越南家庭生活水平调查，越南政府统计总局。

口（图4-13）。最后，以控制多个自变量影响的家庭调查数据为依据的多项研究发现，家庭财富是发育迟缓发生率的重要决定因素（Cunningham等，2017；Headey等，2015；Headey和Hoddinott，2016；Headey，Hoddinott和Park，2017；Nisbett等，2017b、2017a；O'Donnell，Nicolás和Van Doorslaer，2007；Raju和D'Souza，2017；Zanello，Srinivasan和Shankar，2016）。

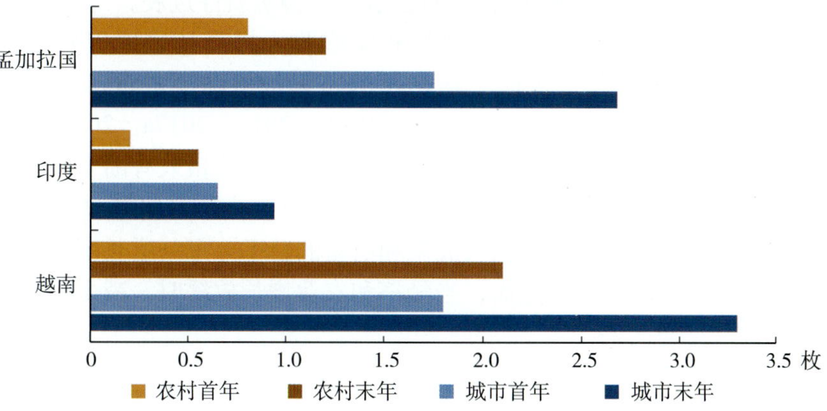

图4-12　最贫困30%人口的蛋类月均消费量变化趋势

资料来源：2005和2010年孟加拉国家庭收入和支出调查，孟加拉国政府规划部统计局；1993—1994年以及2009—2010年印度全国抽样调查，印度国家抽样调查组织；2002和2010年越南家庭生活水平调查，越南政府统计总局。

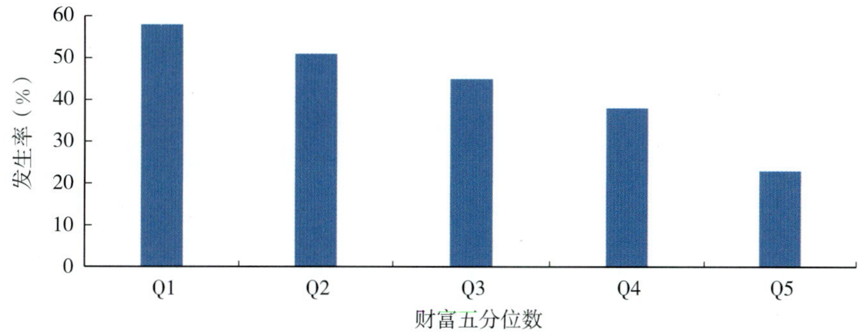

图4-13　十个亚洲发展中国家按财富五分位数划分的平均发育迟缓发生率

资料来源：多项人口和健康调查。数据是以人口为权数得出的加权平均值。所调查国家包括：孟加拉国、不丹、柬埔寨、印度、老挝、蒙古国、尼泊尔、巴基斯坦、东帝汶和越南。太平洋国家五分位数数据不详。

图4-13表明，收入会对营养不足产生影响，但同样引人注目的是，收入最高的五分之一人口的发育迟缓发生率如此之高。这一发现表明，收入并非营养不足的唯一决定因素，其他因素也在产生影响。即使当收入为次要制约因素

时，缺乏营养教育（如关于何种食品有营养、母乳喂养的重要性以及儿童早期营养对成年后生活重要性的认识）和完善的卫生设施和清洁饮用水也可能导致营养状况不佳。

总之，随着亚太地区营养食品摄入量日益增加，再加上教育质量的提高、清洁饮用水投资和卫生条件的改善（Bhutta等，2013年），降低营养不足［如5岁以下儿童发育迟缓发生率（图4-2）］已逐步取得实质性进展。

因此，惠及贫困人口的经济增长和家庭收入提高使家庭有资金（经济手段）加强膳食多样化。多样化膳食每卡路里价格高于主食，亚太地区多个国家的相当一部分家庭都无力负担（WFP，2015、2017a、2017b、2017c、2017d）。因为动物源性食品富含优质蛋白质，所以适量摄入有助于减少发育迟缓（Headey，Hirvonen和Hoddinott，2017）。此外，由于经济条件对提高营养食品消费至关重要，因此经济增长成果和财富的公平分配（增长率持平）将推动营养状况得到快速改善。然而，当经济和农业增长放缓时，减少营养不良的难度将加大（见插文2）。

插文2　太平洋岛国国内生产总值和农业增速放缓对膳食的影响

虽然全球肥胖症发生率近30年来呈上升态势，但增幅最大且最为显著的是太平洋岛国，世界肥胖和超重率最高的10个国家均为太平洋岛国（NCD-RisC，2016）。其中多国肥胖症发生率超过60%，远高于其他次区域。由此引发的残疾和过早死亡已成为影响太平洋岛国公共卫生、国民经济和区域政治的重大问题（太平洋岛屿论坛秘书处，2011）。肥胖危机的成因有许多，但营养结构向高糖、高盐和高脂肪精制食品的转变是当前肥胖症成为地方流行病的主要原因（Snowdon等，2013）。果蔬消费低迷停滞可能也造成了一定影响（图4-7B）。

人均收入增长缓慢（图2-1），特别是农业增长缓慢（图2-14）导致人们的膳食越来越不健康。由于人均收入增长缓慢，人们更倾向于购买价格低廉但营养价值较低的食品。与此同时，由于电气化水平低（见第五章），且获取改造投入的渠道有限，因此小农向国内市场低价就地供应果蔬的能力有限。这导致国内高营养价值食品的价格相对较高（图4-14；ADB，2011；Evans等，2001），推动膳食结构向高能量食品转变，但过量食用高能量食品将对健康造成长期损害。创建有活力的农业产业，以有竞争力和可负担的价格生产营养食品，这将有助于解决影响太平洋地区食品购买决策的供给侧问题（见第六章），从而持续改善营养状况。鉴于太平洋地区进口食品热量较高，关注营养问题的贸易政策可能也需要发挥作用。

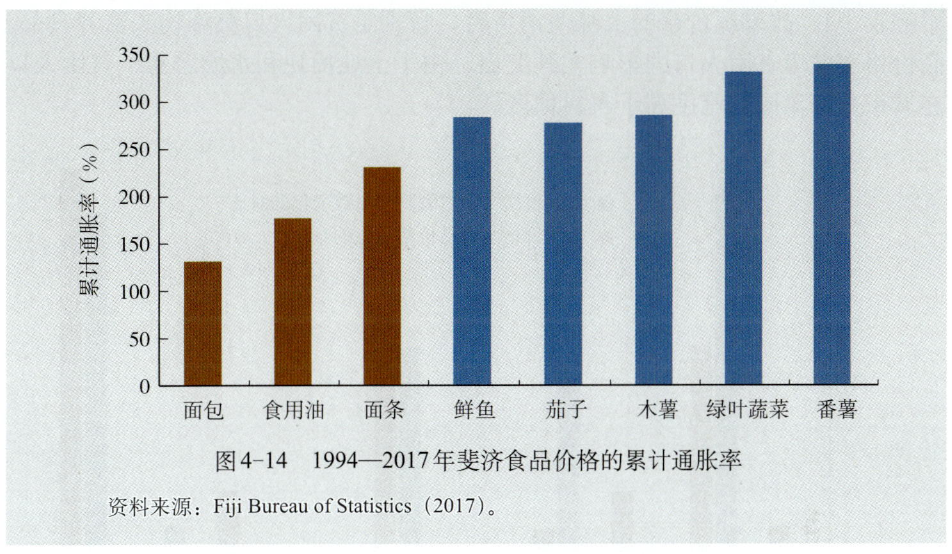

图4-14 1994—2017年斐济食品价格的累计通胀率

资料来源：Fiji Bureau of Statistics（2017）。

4.3.2 食品价格

收入增长是获取营养食品经济上最主要的决定因素，但食品价格也至关重要。自21世纪初以来，亚太地区多国食品大类的价格指数涨幅大于消费者物价指数（CPI）的整体涨幅，表明食品价格比消费者物价指数中其他商品价格增长得更快（图4-15中的蓝柱除一个负值外其余均为正值）。实际食品价格上涨的原因可能是，国际市场各类食品价格在世纪之交创下历史新低，随后不断上升。虽然价格不会直接或自动从国际市场传导至国内市场，尤其是亚太地区（Dawe，2009），但确实全球价格最终会对国内价格产生影响。

在食品这一大类别中，几乎所有国家的果蔬价格增速均高于食品类总体价格增速（图4-15中的橙柱除马来西亚外均为正值）。果蔬相对价格在一段时期内（10～15年）持续上涨，格外引人注目。果蔬价格持续走高，与消费者随着收入增长而追求多样化膳食的趋势相符，且消费者对果蔬需求的增长速度快于谷物和主食。同时，果蔬种植属相对劳动密集型产业（见第六章），因此随着农村工资水平的提升，种植成本将不断升高。上述两种因素会共同推高价格。

在其他条件不变的情况下，果蔬实际价格的持续上涨预计会导致消费减少。但其他条件实际发生了变化，由于亚太地区的收入增长迅猛，果蔬消费也随之增加（图4-7B）。因此，果蔬价格上涨并未造成实际消费减少，而是与价格未上涨的情形相比有所减少。举例来说，假设低收入国家果蔬需求的价格弹性为−1（Regmi等，2001），则果蔬价格每上涨10%，消费就下降10%（其他条件不变）。由于贫困人口的价格弹性大于富裕人口（富裕人口受价格波动影响较小)，故果蔬价格的上涨使消费者，特别是贫困人口更难购买营养食品。高价格对城市贫困人口的影响尤其突出，由于土地稀缺和水质恶劣，贫困人口在城市开辟菜园的难度高于农村地区。

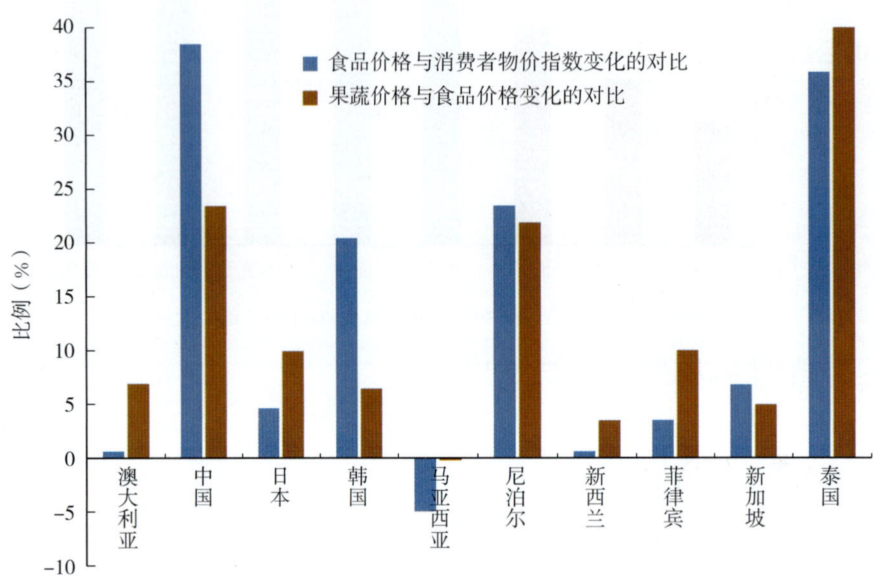

图4-15　2000—2016年食品和果蔬价格变化的对比

注：图中显示各国代表亚太地区所有国家，有至少八年以来消费者物价指数中食品大类和果蔬中类的最新数据（截至2015或2016年）。起始年份为2000年或可获取数据的最早年份。供数据分析的起止年份如下：澳大利亚（2001，2016），中国（2005，2015），日本（2001，2016），韩国（2000，2016），马来西亚（2007，2015），尼泊尔（2006/2007，2015/2016），新西兰（2001，2016），菲律宾（2000，2016），新加坡（2001，2016），泰国（2001，2016）。泰国果蔬与食品价格变化之比是148，但为了更清楚地显示其他数值，只保留了部分纵轴。

主食价格对营养也有重要影响，因为主食在贫困人口总支出中占比很高(在经济学上称主食的“收入效应”较强)，因此对贫困人口的营养影响尤为重大。当主食价格较高时，其对蛋、奶、蔬菜等其他营养价值更高食品的消费将减少，原因很简单：贫困人口预算有限，他们的收入有很大一部分花在了主食上。Block等（2004）研究指出，20世纪90年代末印度尼西亚大米涨价，贫困家庭的母亲为了更好地满足子女的饮食需求而减少自身膳食能量摄入，加剧了自身消瘦问题。此外，为应对大米涨价，她们减少购买营养价值更高的食品，导致幼儿（及其母亲）体内血红蛋白含量大幅下降，增大了出现发育障碍的概率。在孟加拉国开展的研究也发现大米价格与营养状况存在负相关性(Torlesse，Kiess和Bloem，2003)。

4.3.3 城市化

尽管很少有人抛开城市居民收入更高这一因素来研究城市化的影响，但城市化本身也可能增加某些食品的消费（Stage，Stage和McGranahan，2010）。就印度尼西亚而言，Warr，Widodo和Yusuf（2018）发现，若控制收入不变，城市化会导致鸡肉和鸡蛋的需求增加，主食（大米和小麦）的需求减少。该发现与Huang和Bouis（2001）对中国台湾的研究结果不谋而合，后者显示主食的总体需求减少，肉、水产品、水果的需求增加。城乡在植物油消费方面的差距可能较小，Gaskell（2015）发现，控制收入不变的情况下，其在印度尼西亚的城乡差距仅为5%。

若干原因可能导致城市化（控制收入不变）对人们摄入的食品类型产生影响。其中一个原因可能是：许多这些消费量趋于增加的食品都容易腐坏，而在城市地区，无论是家庭（图4-16）还是价值链各环节均更易获取冷藏设施。几项研究发现，在控制收入不变后，肉类消费量和冰箱保有量之间存在相关性（Gale等，2005；Lyon和Durham，1999；OECO和FAO，2013；Zhao和Thompson，2013）。另一个可能的原因是，城市居民与富裕人口接触更多，并试图效仿他们的消费模式。

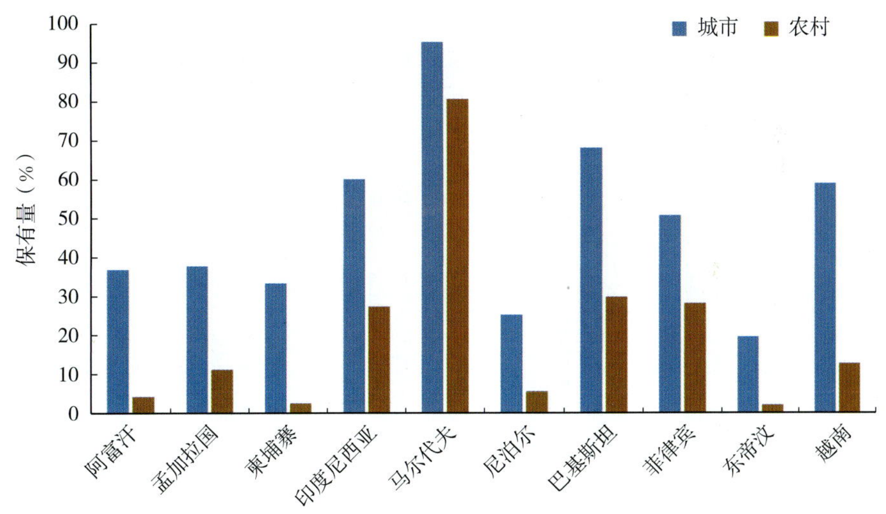

图4-16 城乡家庭冰箱保有量

资料来源：多项人口健康调查。

然而，收入增长和城市化不仅会增加营养食品的消费，还会增加高盐、高糖、高饱和脂肪食品的消费。特别是在城市地区，由于交通拥堵、工作时间延长、女性就业率上升和工作结构正规化，城市居民更加注重制备食品的便利性，导致加工食品的消费量增加（Warr，Widodo和Yusuf，2018）。

全球化，特别是社会层面的全球化（社交、信息流）似乎也在通过影响消费者偏好推动着膳食能量摄入的增加和肥胖症发生率的上升（Costa-Font和Mas，2016）。考虑到城市地区更容易受到全球化影响，全球化进程对城市人口的影响可能大于农村人口。同样，广告也能影响消费者偏好，有实证表明，鉴于城市人口年龄结构更为年轻化，广告在城市地区的效果可能比农村地区更为显著（FAO，2004）。

4.3.4 促进生产多样化，满足消费者需求

随着膳食向动物源性食品和果蔬转变，国家层面生产结构正在发生变化。20世纪90年代初，大米产值在东亚、东南亚和南亚位居首位（太平洋地区90年代数据不足）。但近年来，大米在东亚已被猪肉取代，在南亚被牛奶取代，表明膳食逐渐向动物源性食品转变。

在大多数次区域，随着畜牧、水产养殖和果蔬种植产量的迅猛增长，谷物、块根和块茎作物在产值中的比重逐渐下降（图4-17）。此外，在所有次区域中，畜牧、水产养殖和果蔬种植所占产值比重之和超过谷物、块根和块茎作物。虽然谷物、块根和块茎作物非常重要，但也只是各类农产品中的一个部分。

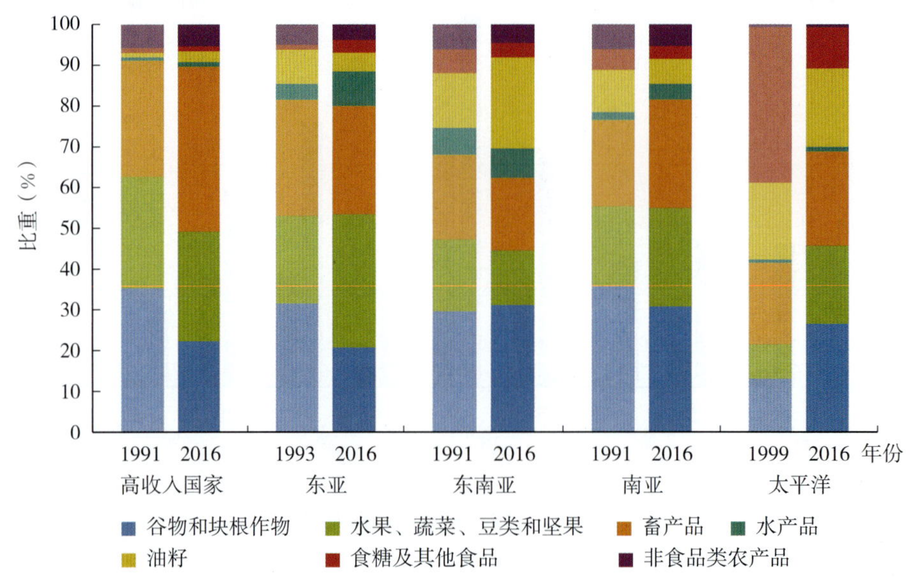

图4-17 20世纪90年代和2016年各类产品产值占农业总产值的比重

资料来源：FAO（2018b），FAO（2018c）。

注：各次区域起始年份视数据可用性而定。

大米在谷物这一类别中仍占主导地位，但在太平洋地区，块根作物占主导地位。然而，由于玉米为绝大多数畜禽饲料提供能量，因此，随着畜禽产品消费需求的增加，对玉米的投入需求日益上升。玉米在谷物总产值中的比重也总体上升（特别是东亚和南亚）。杂粮的产值占比仍然较低。在高收入国家，杂粮在谷物总产值中的比重略有增加，主要原因是澳大利亚大麦产量增加，另外动物饲料用高粱的增产也发挥了一定作用。但在其他次区域，杂粮近20年来在谷物总产值中的比重则呈下降趋势。

随着谷物、块根和块茎作物在总产值中的比重普遍下降，果蔬种植、畜牧和水产养殖产业的比重普遍上升。东南亚在某种程度上是个例外，一些国家发挥其强劲的比较优势，使油棕产业增长迅猛，而且始终重视大米种植，其增幅超过了畜牧业和果蔬种植业。收获面积的变化也能明确反映出农业生产向畜牧业和果蔬种植业的转变，而中国在这个方面最为突出。中国的果蔬收获面积[①]目前已超过任意一种谷物（图4-18）。玉米主要用作动物饲料，而玉米收获面积目前已超过大米和小麦。

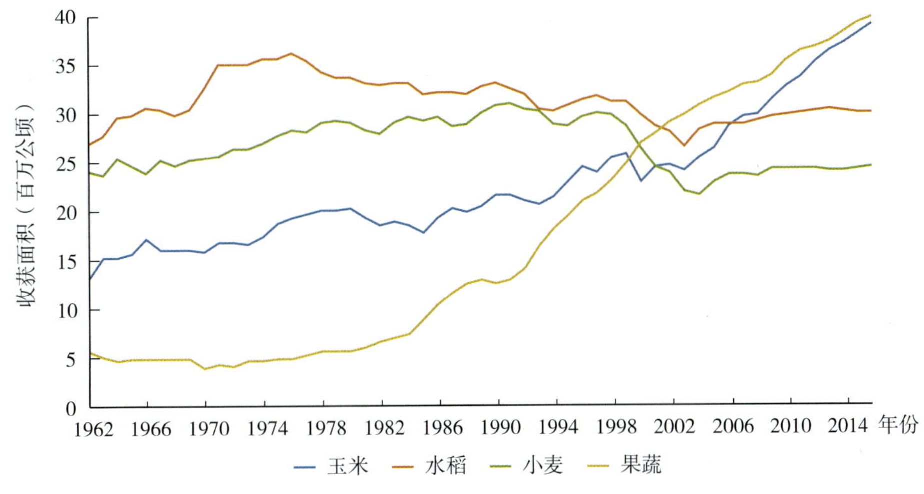

图4-18 1962—2016年中国各类作物收获面积

资料来源：FAO（2018b）。

国家作物多样化战略的实施不一定以农场为单位。事实上，国家层面的多样化伴随着农场层面的日益专业化，不同的农场专门从事不同的作物种植。在过去的10至15年中，泰国农民减少了作物种植种类，转而从事专业化种植，

① “收获面积”由种植强度（每年种植的作物数量）和种植面积计算得出。因此，如果一个农民一年在一公顷土地上种植了两茬水稻，就相当于两公顷的水稻收获面积。

这一趋势在各收入阶层均有体现。畜禽和水产养殖户也逐渐开展了特定动物品种的专业化养殖（Poapongsakorn，Pantakua和Wiwatvicha，2016）。

虽然景观多样化可带来生态效益，但实现景观多样化需要的空间（例如农场、村庄、流域）规模太大，很难优化，特别是随着农业对知识含量提出更高要求，个体农民更倾向于对特定作物进行专业化生产。非农收入在农村地区的作用日益显著，也助力了专业化农场的发展。非农收入这种替代性收入来源对变化多端的天气依赖程度较低，有助于农户管理农业风险，且农场无须为了管理风险而大规模开展多样化种植。

生产更多高价值食品，如畜产品、水产品和果蔬，对提高农业收入和改善营养成果至关重要。如上所述，生产结构正在发生转变，但速度还不够快。例如，部分国家的果蔬供应跟不上需求的快速增长，果蔬持续涨价（图4-15），导致穷人更加无力负担。

出于多种原因，农民种植的果蔬产量可能很难满足需求（Kasem和Thapa，2011）。第一，种植新的农作物需要农民具备新知识。第二，并非所有土地都适合种植果蔬——农业生产的选择很大程度上受制于当地气候、水源、地形和土壤条件，且其中大部分条件不可改变。第三，许多水果需要几年时间才能收获，在此过渡期内农民需要其他收入来源。第四，果蔬种植风险更高，产量和价格波动往往大于水稻。第五，果蔬生产比水稻对劳动力的需求更大（Alviola，Cataquiz和Francisco，2002；Kasem和Thapa，2011；Maertens，Minten和Swinnen，2012）。这意味着在工资上涨的国家，生产成本不断攀升，但这些国家的产出价格更高，应该能有所补偿（Zhong，2014）。劳动强度的增加也意味着农村贫困人口的就业机会增加（Dawe，2006）。第六，一些国家的大米进口限制导致国内大米价格大幅上涨，农民因此不愿意多样化种植其他作物。要克服上述种种障碍，需在制度和政策上进行创新。

有机农业是农民的一个优质选择，在许多国家发展迅猛，特别是在太平洋地区和高收入国家，有机农业生产面积占农作物总播种面积的1% ~ 5%。然而，在东亚、东南亚和南亚的发展中国家，有机农业仍是一个利基市场，在各次区域几乎所有国家占比不足1%。有机食品在上述次区域的市场份额低，主要原因可能是有机食品的价格较高。

4.4 小结

由于经济增长、教育水平提高以及水和卫生设施的改善，降低营养不足发生率已取得巨大进展，但营养不足在亚太地区多数国家仍是一个重大问题。随着经济增长和城镇化的推进，人们（包括穷人）对动物源性食品和果蔬的消费增加，但在营养状况变迁过程中，脂肪、糖、盐的摄入也在增加，再加上城镇化伴随的体力活动减少，这些趋势正导致肥胖症增多。亚太地区多数国家的人均主食消费量正在下降。农业正通过转型适应各种不断变化的需求，畜牧业和水产养殖业在农业产值中的比重日益上升。然而，生产系统的变化速度还不足以遏制一些健康食品特别是果蔬价格的上涨。

参考文献

ADB. 2011. *Food security and climate change in the Pacific: Rethinking the options*. Mandaluyong City, ADB. (also available at http://hdl.handle.net/11540/953).

Allen, L.H. 2008. To what extent can food-based approaches improve micronutrient status? *Asia Pacific Journal of Clinical Nutrition*, 17(S1): 103–105. https://doi.org/10.12691/ajfn-5-1-1.

Allotey, P., Davey, T. & Reidpath, D.D. 2014. NCDs in low and middle-income countries – assessing the capacity of health systems to respond to population needs. *BMC Public Health*, 14(Suppl 2). https://doi.org/10.1186/1471-2458-14-S2-S1.

Alviola, P.A., Cataquiz, G.C. & Francisco, S. 2002. Global competitiveness of rice-vegetable farming systems: Implication to Philippine food security. *Paper presented at the International Rice Research Conference, 16–20 September 2002, Beijing, China.*

Baker, P. & Friel, S. 2016. Food systems transformations, ultra-processed food markets and the nutrition transition in Asia. *Globalization and Health*, 12(80). https://doi.org/10.1186/ s12992-016-0223-3.

Bernadette, B., Munthe, C. & Taylor, M. 2016. RPT-cooked in Indonesia: Phoney rice data threatens food supply, 25 January 2016. (also available at https://www.reuters.com/article/ indonesia-rice-data/rpt-cooked-in-indonesia-phoney-rice-data-threatens-food-supply-idUSL3N15701Q).

Bhurosy, T. & Jeewon, R. 2014. Overweight and obesity epidemic in developing countries: a problem with diet, physical activity, or socioeconomic status? *Scientific World Journal* (964236). https://doi.org/10.1155/2014/964236.

Bhutta, Z.A., Das, J.K., Rizvi, A., Gaffey, M.F., Walker, N., Horton, S., Webb, P., Lartey, A. & Black, R.E. 2013. Evidence-based interventions for improvement of maternal and child nutrition: what can be done and at what cost? *The Lancet*, 382: 452–477. https://doi.org/ 10.1016/S0140-6736(13)60996-4.

Black, R.E., Victora, C.G., Walker, S.P., Bhutta, Z.A., Christian, P., De Onis, M., Ezzati, M., *et al.* 2013. Maternal and child undernutrition and overweight in low-income and middle-income countries. *The Lancet*, 382: 427–451. https://doi.org/10.1016/S0140- 6736(13)60937-X.

Block, S.A., Kiess, L., Webb, P., Kosen, S., Moench-Pfanner, R., Bloem, M. & Timmer, P. 2004. Macro shocks and micro outcomes: child nutrition during Indonesia's crisis. *Economics and Human Biology*, 2: 21–44. https://doi.org/10.1016/j.ehb.2003.12.007.

Costa-Font, J. & Mas, N. 2016. 'Globesity'? The effects of globalization on obesity and caloric intake. *Food Policy*, 64: 121–132. https://doi.org/10.1016/j.foodpol.2016.10.001.

Cunningham, K., Headey, D., Singh, A., Karmacharya, C. & Rana, P.P. 2017. Maternal and child nutrition in Nepal: Examining drivers of progress from the mid-1990s to 2010s. *Global Food Security*, 13: 30–37. https://doi.org/10.1016/j.gfs.2017.02.001.

Dawe, D. 2006. Rice trade liberalization will benefit the poor. In D. Dawe, P.F. Moya & C.B. Casiwan, eds. *Why does the Philippines import rice? Meeting the challenge of trade liberalization*, pp. 43–52. IRRI & PhilRice. (also available at http://irri.org/resources/publications/books/item/why-does-the-philippines-import-rice).

Dawe, D. 2009. Cereal price transmission in several large Asian countries during the global food crisis. *Asian Journal of Agriculture and Development*, 6(1): 1–12. (also available at http://ageconsearch.umn.edu/record/199068?ln=en).

Evans, M., Sinclair, R.C., Fusimalohi, C. & Liava'a, V. 2001. Globalization, diet, and health: an example from Tonga. *Bulletin of the World Health Organization*, 79(9): 856–862. https://doi.org/10.1590/S0042-96862001000900011.

FAO. 2004. Globalization of food systems in developing countries: impact on food security and nutrition. *FAO Food and Nutrition Paper*, 83. (also available at http://www.fao.org/ docrep/007/y5736e/y5736e00.htm).

FAO. 2013. *The state of food and agriculture: Food systems for better nutrition*. Rome. (also available at http://www.fao.org/publications/sofa/2013/en/).

FAO. 2016. *Regional overview of food insecurity: Asia and the Pacific*. Bangkok, Regional Office for Asia and the Pacific. (also available at http://www.fao.org/publications/card/en/c/ ea009918-8124-4320-a5d9-0a296b07c141/).

FAO. 2018a. *Asia and the Pacific regional overview of food security and nutrition*. Bangkok, FAO Regional Office for Asia and the Pacific. (also available at http://www.fao.org/3/ CA0950EN/CA0950EN.pdf).

FAO. 2018b. *FAOSTAT* [online]. www.fao.org/faostat/.

FAO. 2018c. *AQUASTAT* [online]. http://www.fao.org/nr/water/aquastat/main/index.stm.

Fiji Bureau of Statistics. 2017. *Consumer price index records* [online]. https://www.statsfiji.gov.fj/.

Frongillo Jr., E.A., Onis, M. de & Hanson, K.M.P. 1997. Socioeconomic and demographic factors are associated with worldwide patterns of stunting and wasting of children. *The Journal* *of Nutrition*, 127(12): 2302–2309. https://doi.org/10.1093/jn/127.12.2302.

Gale, F., Tang, P., Bai, X. & Xu, H. 2005. Commercialization of food consumption in rural China. *Economic Research Report*, (also available at http://handle.nal.usda.gov/10113/18039).

Gaskell, J.C. 2015. The role of markets, technology, and policy in generating palm-oil demand in Indonesia. *Bulletin of Indonesian Economic Studies*, 51: 29–45. https://doi.org/10..1080/00074918.2015.1016566

Hawkes, C., Smith, T.G., Jewell, J., Wardle, J., Hammond, R.A., Friel, S., Thow, A.M. & Kain, J. 2015. Smart food policies for obesity prevention. *The Lancet*, 385: 2410–2421. https://doi. org/10.1016/S0140-6736(14)61745-1.

Headey, D., Hirvonen, K. & Hoddinott, J. 2017. Animal sourced foods and child stunting. *IFPRI Discussion Paper 01695*, Washington, DC. (also available at http://ebrary.ifpri.org/ cdm/ref/collection/p15738coll2/id/132232).

Headey, D., Hoddinott, J., Ali, D., Tesfaye, R. & Dereje, M. 2015. The other Asian enigma: Explaining the rapid reduction of undernutrition in Bangladesh. *World Development*, 66: 749–761. https://doi.org/10.106/j.worlddev.2014.09.022.

Headey, D., Hoddinott, J. & Park, S. 2017. Accounting for nutritional changes in six success stories: A regression-decomposition approach. *Global Food Security*, 13: 12–20. https://doi.org/10.1016/j.gfs.2017.02.003.

Headey, D.D. & Hoddinott, J. 2016. Agriculture, nutrition and the green revolution in Bangladesh. *Agricultural Systems*, 149: 122–131. https://doi.org/10.1016/j.agsy.2016.09.001

Helble, M. & Francisco, K. 2017. The imminent obesity crisis in Asia and the Pacific: First cost estimates. ADBI Working Paper Series No. 743. Tokyo. (also available at https://www.adb.org/publications/imminent-obesity-crisis-asia-and-pacific-first-cost-estimates).

Hess, S.Y. 2017. Zinc deficiency. In S. de Pee, D. Taren & M.W. Bloem, eds. *Nutrition and health in a developing world*. Third edition, pp. 265–285. New York, Humana Press.

Hoddinott, J., Behrman, J.R., Maluccio, J.A., Melgar, P., Quisumbing, A.R., Ramirez- zea, M., Stein, A.D., *et al.* 2013. Adult consequences of growth failure in early childhood. *American Journal of Clinical Nutrition*, 98(5): 1170–1178. https://doi.org/10.3945/ ajcn.113.064584

Hoddinott, J.F. 2013. The economic cost of malnutrition. In M. Eggersdorfer, K. Kraemer, M. Ruel, M. Van Ameringen, H.K. Biesalski, M. Bloem, J. Chen, A. Lateef & V. Mannar, eds. *The road to good nutrition: a global perspective*, pp. 64–73. Basel. (also available at http://www.ifpri.org/blog/road-good-nutrition).

Huang, J. & Bouis, H. 2001. Structural changes in the demand for food in Asia: Empirical evidence from Taiwan. *Agricultural Economics*, 26(1): 57–69. https://doi.org/10.1111/j.1574-0862.2001.tb00054.x

IFPRI. 2015. Global nutrition report 2015: Actions and accountability to advance nutrition and sustainable development. Washington, DC. (also available at http://www.ifpri.org/ publication/global-nutrition-report-2015).

IFPRI. 2016. Global nutrition report 2016: From promise to impact – Ending malnutrition by 2030. Washington, DC. (also available at http://www.ifpri.org/publication/global-nutrition-report-2016-promise-impact-ending-malnutrition-2030).

Kasem, S. & Thapa, G.B. 2011. Crop diversification in Thailand: Status, determinants, and effects on income and use of inputs. *Land Use Policy*, 28: 618–628. https://doi.org/10.1016/j.landusepol.2010.12.001.

Lyon, C. & Durham, C. 1999. Refrigeration and food demand in China: Can refrigerator ownership help predict consumption of food products in China? *Paper presented at the Chinese Agriculture and WTO, Proceedings of the WCC-101 (December 2–3, 1999).*

Ma, R.C.W. & Chan, J.C.N. 2013. Type 2 diabetes in East Asians: Similarities and differences with populations in Europe and the United States. *Annals of the New York Academy of Sciences*, 1281: 64–91. https://doi.org/10.1111/nyas.12098.

Maertens, M., Minten, B. & Swinnen, J. 2012. Modern food supply chains and development: Evidence from horticulture export Sectors in Sub-Saharan Africa. *Development Policy Review*, 30(4): 473–497. https://doi.org/10.1111/j.1467-7679.2012.00585.x.

Micronutrient Initiative. 2015. *Micronutrient Initiative* [online]. www.micronutrient.org

Monteiro, C., Conde, W., Lu, B. & Popkin, B. 2004. Obesity and inequities in health in the developing world. *International Journal of Obesity*, 28: 1181–1186. https://doi.org/10.1038/sj.ijo.0802716

Natrajan, B. & Jacob, S. 2018. 'Provincialising' vegetarianism: Putting Indian food habits in their place. *Economic & Political Weekly*, LIII (9): 54–64. (also available at https://www.epw.in/journal/2018/9).

NCD Risk Factor Collaboration (NCD-RisC). 2016. Trends in adult body-mass index in 200 countries from 1975 to 2014: a pooled analysis of 1698 population-based measurement studies with 19.2 million participants. *The Lancet*, 387: 1377–1396. https://doi.org/10.1016/S0140-6736(16) 30054-X

NCD Risk Factor Collaboration (NCD-RisC). 2018. *NCD-RisC Data and Publications* [online]. http://ncdrisc.org/

Nisbett, N., Bold, M. van den, Menon, S.G., Davis, P., Roopnaraine, T., Kampman, H., Kohli, *et al.* 2017a. Community-level perceptions of drivers of change in nutrition: Evidence from South Asia and sub-Saharan Africa. *Global Food Security*, 13: 74–82. https://doi.org/10.1016/j.gfs.2017.01.006

Nisbett, N., Davis, P., Yosef, S. & Akhtar, N. 2017b. Bangladesh's story of change in nutrition: Strong improvements in basic and underlying determinants with an unfinished agenda for direct community level support. *Global Food Security*, 13: 21–29. https://doi.org/10.1016/j.gfs.2017.01.005

O'Donnell, O., Nicolás, Á.L. & Van Doorslaer, E. 2007. Growing richer and taller: Explaining change in the distribution of child nutritional status during Vietnam's economic boom. *Tinbergen Institute Discussion Paper TI 2007–2008/3*, Amsterdam.

OECD & FAO. 2013. *OECD-FAO Agricultural Outlook 2013–2022*. OECD Publishing. (also available at https://www.oecd-ilibrary.org/agriculture-and-food/oecd-fao-agricultural-outlook-2013_agr_outlook-2013-en).

Pacific Islands Forum Secretariat. 2011. Joint Statement of the Pacific Island Forum Leaders and United Nations Secretary General. *42nd Pacific Island Forum, 7–8 September 2011, Auckland, New Zealand*. (also available at http://sdg.iisd.org/news/42nd-pacific-island-forum-develops-communique-and-joint-statement-from-leaders-and-un-secretary-general/).

de Pee, S. 2017. Nutrient needs and approaches to meeting them. In S. de Pee, D. Taren & M.W. Bloem, eds. *Nutrition and health in a developing world*. Third edition, pp. 159–180. New York, Humana Press.

Poapongsakorn, N., Pantakua, K. & Wiwatvicha, S. 2016. The structural and rural transformation in selected Asian countries

Popkin, B. 2006. *What is the nutrition transition?* [online]. http://www.cpc.unc.edu/projects/nutrans/whatis

Raju, D. & D'Souza, R. 2017. Child undernutrition in Pakistan: What do we know? Policy Research Working Paper No. 8049. Washington, DC, World Bank Group. (also available at http://documents.worldbank.org/curated/en/810811493910657388/Child-undernutrition-in-Pakistan-what-do-we-know).

Regmi, A., Deepak, M.S., Seale Jr., J.L. & Bernstein, J. 2001. Cross-country analysis of food consumption patterns. *Changing Structure of Global Food Consumption and Trade*, WRS-01-1: 14–22. (also available at https://www.ers.usda.gov/publications/pub-details/?pubid=40319).

Ruel, M.T. & Alderman, H. 2013. Nutrition-sensitive interventions and programmes: how they help to accelerate progress in improving maternal and child nutrition? *The Lancet*, 382(9891): 536–551. https://doi.org/http://dx.doi.org/10.1016/S0140-6376(13)60843-0

SKRI. 2016. *President Jokowi: Only BPS is responsible* for data [online]. http://setkab.go.id/en/president-jokowi-only-bps-is-responsible-for-data/

Snowdon, W., Raj, A., Reeve, E., Guerrero, R.L., Fesaitu, J., Cateine, K. & Guignet, C. 2013. Processed foods available in the Pacific Islands. *Globalization and Health*, 9 (53). https://doi.

org/10.1186/1744-8603-9-53

Stage, J., Stage, J. & Mcgranahan, G. 2010. Is urbanization contributing to higher food prices? *Environment & Urbanization*, 22 (1): 199–215. https://doi.org/10.1177/0956247809359644

Stevens, G.A., Bennett, J.E., Hennocq, Q., Lu, Y., De-Regil, L.M., Rogers, L., Danaei, G., Li, G., *et al.* 2015. Trends and mortality effects of vitamin A deficiency in children in 138 low-income and middle-income countries between 1991 and 2013: a pooled analysis of population-based surveys. *Lancet Global Health*, 3: e528–536. https://doi.org/10.1016/S2214-109X(15)00039-X

Timmer, P. 2018. State-level structural transformation and poverty reduction in Malaysia: a multi-commodity approach

Timmer, P., Block, S.A. & Dawe, D. 2010. Long-run dynamics of rice consumption, 1960–2050. In S. Pandey, D. Byerlee, D. Dawe, A. Dobermann, S. Mohanty, S. Rozelle & B. Hardy, eds. *Rice in the Global Economy: Strategic Research and Policy Issues for Food Security*, Los Banos, International Rice Research Institute. (also available at http://irri.org/resources/publications/books/rice-in-the-global-economy-strategic-research-and-policy-issues-for-food-security).

Torlesse, H., Kiess, L. & Bloem, M.W. 2003. Association of household rice expenditure with child nutritional status indicates a role for macroeconomic food policy in combating malnutrition. *The Journal of Nutrition*, 133 (5): 1320–1325. https://doi.org/10.1093/jn/133.5.1320

UNICEF, WHO & The World Bank Group. 2018. *Joint child malnutrition estimates* [online]. http://datatopics.worldbank.org/child-malnutrition/

Victora, C.G., Adair, L., Fall, C., Hallal, P.C., Martorell, R., Richter, L. & Sachdev, H.S. 2008. Maternal and child undernutrition: Consequences for adult health and human capital. *The Lancet*, 371: 340–357. https://doi.org/10.1016/S0140-6736(07)61692-4

Warr, P., Widodo, M.A. & Yusuf, A.A. 2018. Urbanization and the Demand for Food in Indonesia

Wen, C.P., Cheng, T.Y.D., Tsai, S.P., Chan, H.T., Hsu, H.L., Hsu, C.C. & Eriksen, M.P. 2009. Are Asians at greater mortality risk for being overweight than Caucasians? Redefining obesity for Asians. *Public Health Nutrition*, 12(4): 497–506. https://doi.org/10.1017/S1368980008002802

World Health Organization (WHO). 2018. Increasing fruit and vegetable consumption to reduce the risk of noncommunicable diseases. In: *e-Library of Evidence for Nutrition Actions (eLENA)* [online]. http://www.who.int/elena/titles/fruit_vegetables_ncds/en/

World Health Organization (WHO) expert consultation. 2004. Appropriate body-mass index for Asian populations and its implications for policy and intervention strategies. *The Lancet*, 363(1): 157–163. https://doi.org/10.1016/S0140-6736(03)15268-3

World Bank. 2011. *Bangladesh – Household income and expenditure survey: key findings and results 2010 (English)*. Washington DC.

World Food Programme (WFP). 2015. Sri Lanka – Minimum cost of nutritious diet. (October, 2015). (also available at https://www.wfp.org/content/sri-lanka-minimum-cost-nutritious-diet-october-2013-september-2014-october-2015).

World Food Programme (WFP). 2017a. Fill the nutrient gap Lao PDR. (also available at https://www.wfp.org/content/2017-fill-nutrient-gap?_ga=2.86790555.2011256344.1518424351-1082568425.1480515367).

World Food Programme (WFP). 2017b. Fill the nutrient gap Pakistan. (also available at https://www.wfp.org/content/2017-fill-nutrient-gap?_ga=2.86790555.2011256344.1518424351-1082568425.1480515367).

World Food Programme (WFP). 2017c. The cost of the diet study in Indonesia. (also available at https://www.wfp.org/content/indonesia-cost-diet-study).

World Food Programme (WFP). 2017d. Fill the nutrient gap Cambodia. (also available at https://www.wfp.org/content/2017-fill-nutrient-gap?_ga=2.86790555.2011256344. 1518424351-1082568425.1480515367).

World Health Organization (WHO). 2018. *Global health observatory data repository* [online]. http://apps.who.int/gho/data/view.main.v100230?lang=en

Young, M.F. & Ramakrishnan, U. 2017. Iron. In S. de Pee, D. Taren & M.W. Bloem, eds. *Nutrition and health in a developing world*, pp. 235–263. New York, Humana Press.

Zanello, G., Srinivasan, C.S. & Shankar, B. 2016. What explains Cambodia's success in reducing child stunting – 2000–2014? *PLoS ONE*, 11(9): e0162668. https://doi.org/10.1371/journal.pone.0162668

Zhao, J. & Thompson, W. 2013. The effect of refrigerator use on meat consumption in rural China. *Paper presented at the Annual Meeting of Southern Agricultural Economics Association (February 2–5, 2013)*. (also available at https://ideas.repec.org/s/ags/saea13.html).

Zhong, F. 2014. Impact of demographic change on agricultural mechanization: Farmers' adaptation and implication for public policy. *Paper presented at the NSD/IFPRI workshop on mechanization and agricultural transformation in Asia and Africa (June 18–19, 2014)*. (also available at https://www.slideshare.net/IFPRIDSG/impact-of-demographic-change-on-agricultural-mechanization-farmers-adaptation-and-implication-for-public-policy).

第五章

价值链转型

5.1 价值链的日趋复杂性

价值链通过发挥集货、存储、运输、加工和分销等基本功能，最终使消费者能够享用农民生产的农产品。经济结构转型及相关消费需求变化导致上述价值链功能日趋复杂。价值链的日趋复杂性促进了膳食多样性，同时在确保每个人均能获得健康、可持续膳食方面带来了新的挑战。各国政府需要了解粮食如何从农场到达餐桌，及人们选择食品的原因和方式，以更好地调整政策，促进高营养价值食品的生产和消费。

在发挥上述功能时，价值链应具备包容性和高效性且关注营养问题。包容性价值链能促进小农户、农村无地人口、城市贫困人口的参与，从而改善其生计和营养。例如，农村公路、冷链和互联网电子商务可通过开拓新市场鼓励农民扩大生产和销售，也可为城市（和农村）贫困人口提供价格更低的产品。随着价值链的完善，农场能够多样化地种植或饲养附加值更高的产品（水果、蔬菜、乳制品、畜产品、水产品），有助于促进大众创业，为农民、其他农村居民和城市居民创造新的农企经营和工薪就业机会。

高效的价值链能够降低农产品从农场运往市场的过程中产生的集货、存储、运输和分销成本。成本降低提高了农民收益，降低了消费者购买价格，这对贫困人口而言尤为重要。例如，完善的道路基础设施可缩减运输时间、降低成本、减少易腐商品的损失。当价值链减少粮食损失和浪费时，不仅降低了运销差价，还确保了不将自然资源用于生产无人问津的食品，有助于改善环境。

关注营养问题的价值链有助于更好地向消费者提供营养食品。由于许多营养食品比主食更易腐烂，因此有必要发展冷链，确保食品到达消费者手中时不会枯萎或腐烂。某些食品会随时间推移或在恶劣的天气条件下流失营养成分，提高价值链的效率也有利于避免营养成分变质，提高营养水平。

5.1.1 基础设施的扩建

构建包容、高效且关注营养问题的价值链的基础是扎实的基础设施建设。

20多年来，亚太地区全域基础设施规模稳步扩大，但各次区域的规模存在差异。基础设施的扩建改善了交通、通信和知识共享条件。

道路，特别是农村地区农场通往市场的道路，是价值链的重要组成部分。城市交通设施也会影响价值链的效率——如果城市周围出现严重的交通拥堵，将抬高食品运销成本。尽管缺乏最新且具可比性的国际数据，但近年几乎所有国家的道路密度都有所增加①。例如，2000—2011年（可获得数据的最近年份），中国和马来西亚的公路里程（千米）年均增长率超过8%（UNESCAP，2018），其他国家的建设速度则相对较慢。

农村电气化是价值链的另一重要组成部分，特别是对易腐农产品而言。各次区域农村人口的用电比例均稳步上升，目前东亚和东南亚发展中国家的比例约为90%（图5-1）。近年来，南亚一直奋起直追（农村人口的用电比例20年来翻了一番），但太平洋国家则远远落后，导致农民很难参与价值链并从中获利（特别是在地理位置隔绝的情况下），太平洋国家农村人口也很难在全年获得各种新鲜营养食品。城市电气化水平较高，除太平洋地区为80%以上外，其他所有次区域的电气化水平均接近100%。

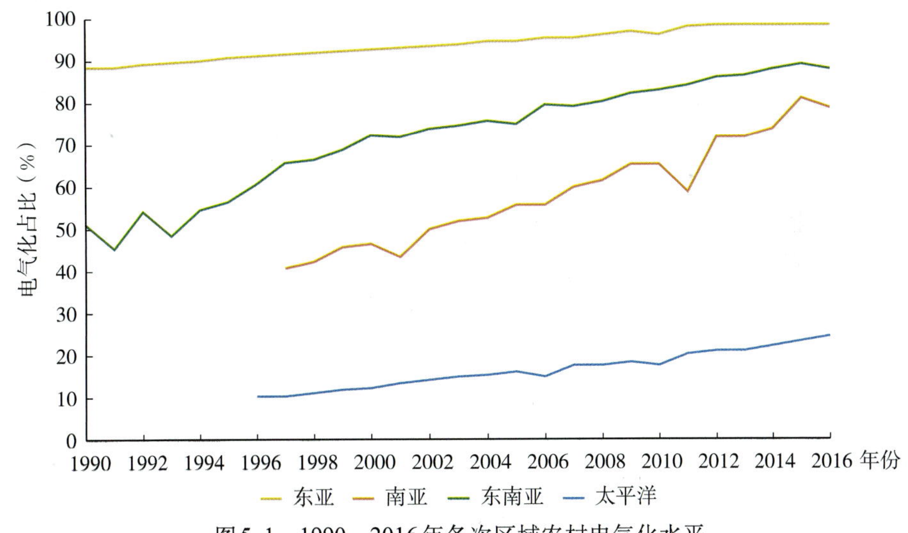

图5-1　1990—2016年各次区域农村电气化水平

资料来源：World Bank（2018）。

强大的通信网络对促进农产品买家和卖家之间的及时互动至关重要。在移动电话时代来临之前，许多家庭获得固定电话的机会有限，许多人不得不等待

① 可持续发展目标的指标9.1.1是生活在距离全天候道路两千米范围内的农村人口比例。然而，目前尚无该指标的相关数据，衡量方法也正在制定中。

数年才能安装，即使城市地区也是如此。然而，21世纪以来，发展中国家每百人的移动电话保有量大幅增加，在东南亚和高收入国家已超过100部（图5-2）。

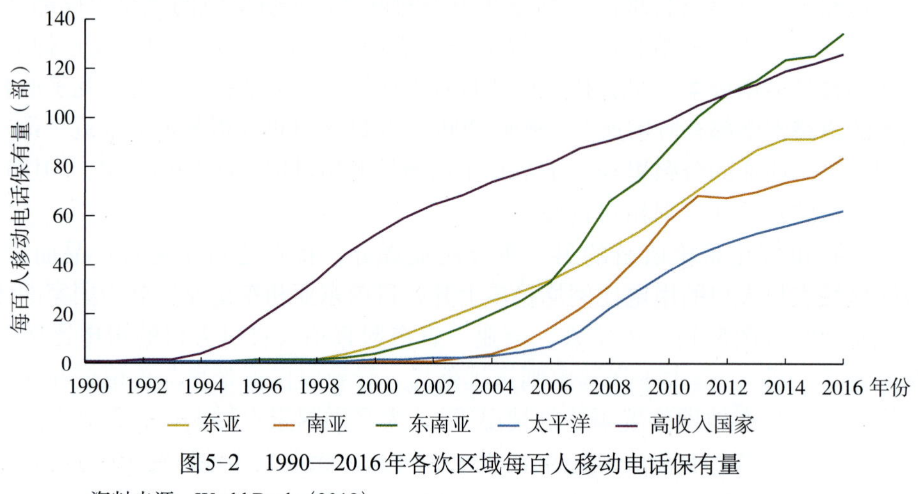

图5-2　1990—2016年各次区域每百人移动电话保有量

资料来源：World Bank（2018）。

互联网极大地方便了人们对新信息的获取，这在几十年前是无法想象的。自2000年以来，互联网用户比例大幅增加，但东南亚、南亚和太平洋地区仍有一半以上人口未使用互联网（图5-3）。互联网还有很大发展空间，有助于推动良好农业实践相关知识的传播，为消费者和生产者直接建立联系。

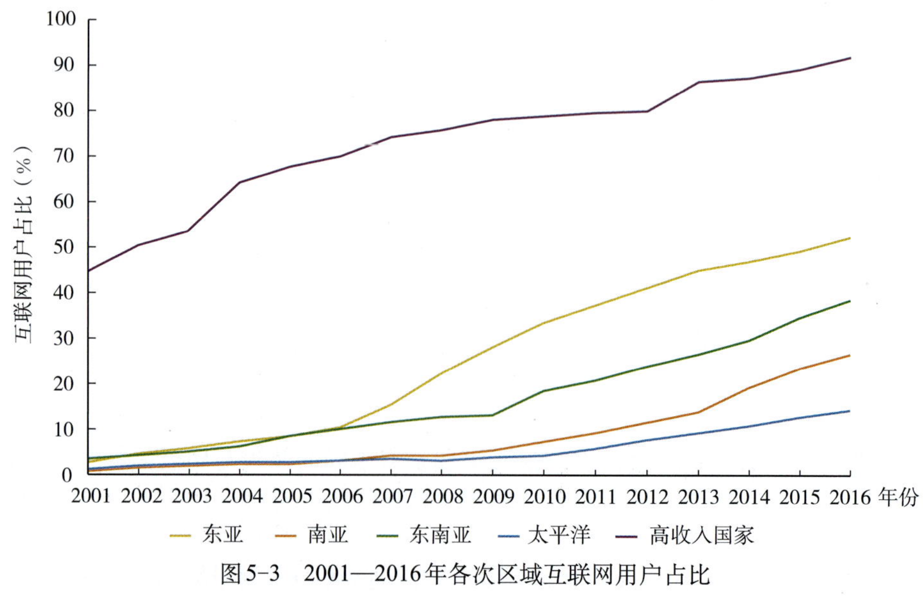

图5-3　2001—2016年各次区域互联网用户占比

资料来源：World Bank（2018）。

5.2 价值链的趋势

前文曾谈及基础设施在不断扩建，除此之外，收入增加和城市化还推动消费者需求发生变化，价值链正在这一变化下重塑。例如，城市地区不断上涨的工资和愈发堵塞的交通使人们对食品制备便利性提出更多需求。在国内供给侧，随着上述消费者需求的扩大和公共产品供应的增加，食品制造业的重要性逐渐超越初级农业，将食品从农场运往零售店的运输和存储网络日臻成熟，零售店更加多样化。国际贸易的重要性也与日俱增。

5.2.1 城市化和对食品制备便利性的需求

与农村地区相比，城市交通拥堵更为普遍，通勤路程更远，工作日程更严格，工作时间更长。由于城市地区地价较高，住宅中厨房的面积不断受到挤压，以为其他功能预留空间。在热带城市，空调的高昂成本促使人们更频繁地外出就餐（Sahakian，Saloma和Erkman，2017）。城市的上述特点是人们对食品制备便利性提出更高需求的重要原因。

对食品制备便利性的需求体现在几个方面。例如，城市地区深加工食品的购买量不断增加（Warr，Widodo和Yusuf，2018；图5-4）。加工食品本身不是问题，它与消费者需求相符，但优缺点并存。加工食品缩短了在家制备食品的时间，并通过使用防腐剂减少浪费。此外，由于制备食品通常由女性负责，加工食品能给予女性更多灵活性，有助于其正规就业。然而，加工食品的盐、糖、饱和脂肪含量通常较高，可能会对健康产生不利影响（见第四章）。

时间机会成本的增加提高了人们对便利性的需求，也可能导致浪费现象更为严重。为追求便利性、减少补货次数，人们可能会一次性大量购入食品，超出实际需求。零售商为了避免因缺货而流失消费者的情况发生，可能也会采取类似做法。

对食品制备便利性的需求也体现于在外就餐的需求上。人们可在提供全套服务的餐厅、快餐店或街头摊位就餐，也可从这些商店（或超市）打包食品带回家中食用。在过去的10至15年中，东亚和东南亚在外就餐支出占比迅速上升，且城市在外就餐的情况比农村更为普遍（越南的情况见图5-5，与中国、印度尼西亚、菲律宾和泰国相似）。富裕人口在外就餐的支出更高，但贫困人口支出也很高。例如，2002—2014年间，越南最贫困的五分之一人口在外就餐支出在食品总支出中的占比翻了一番多（图5-5）。然而，在外就餐方面的消费在南亚发展较慢，其在食品总支出中的占比远低于其他地区（图5-6；太平洋国家数据不详）。

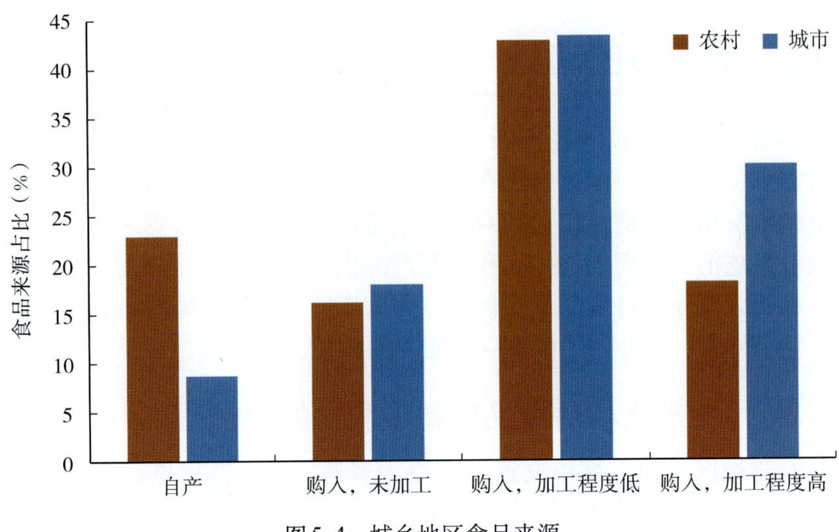

图5-4　城乡地区食品来源

资料来源：Reardon等（2014）。
注：国家包括孟加拉国、印度尼西亚、尼泊尔和越南。

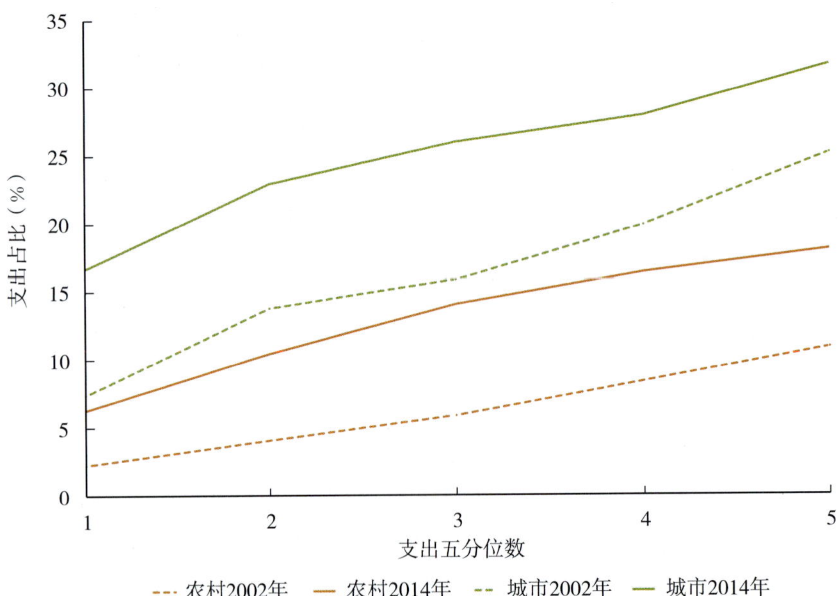

图5-5　按支出五分位数划分的越南（2002年和2014年）
城乡在外就餐支出占食品总支出的占比

资料来源：多项越南家庭生活标准调查。

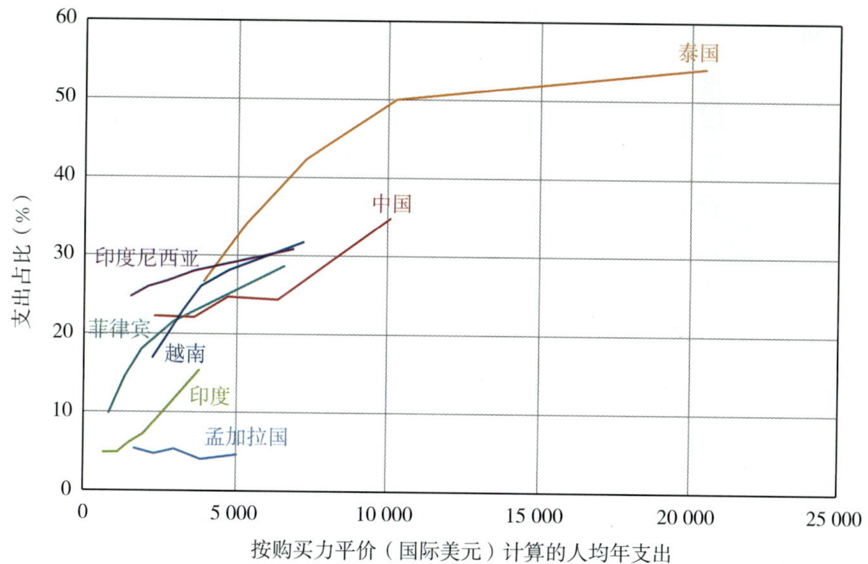

图5-6　按支出五分位数划分的城市地区在外就餐支出占食品总支出的比重

资料来源：开展的多项家庭调查于孟加拉国（2010）、中国（2009/2010）、印度（2011/2012）、印度尼西亚（2014）、菲律宾（2012）、泰国（2015）、越南（2014）。

注：横轴按购买力平价计算。

消费者在外就餐的形式多种多样。各类就餐渠道的使用频率因国家而异（图5-7）。中国的快餐店相当普遍，印度尼西亚的全套服务餐厅占据的市场份额更大，印度人对街头商贩的依赖程度更高，而马来西亚的各种渠道则趋向平衡。儿童在校就餐在中国等部分国家 [Euromonitor International（欧睿国际），2017] 十分普遍。新兴渠道也层出不穷：随着电子商务的深入发展，消费者可在网上订购食品，由餐馆和商贩送货上门。

街头摊贩的类型在不同国家和不同规模的城市均有所不同。此外，各类街头摊贩的可及性也会影响人们摄入的食品类型。例如，研究发现，印度尼西亚雅加达城市贫民窟与日惹市城郊贫民窟的婴儿喂养方式有所不同（Martha，Amelia和Myranti，2017）。虽然上述两个区域在照料婴儿的做法方面有相同之处（如给婴儿喂蔬菜汤和米饭），但在城市贫民窟接触街头食品摊贩的机会更多，购买炸豆腐、丹贝（大豆饼）、香蕉、饼干等小吃的行为也更加频繁。鉴于城市贫民窟的房屋面积小，配备厨房的可能性较低，因此向附近街头摊贩购买小菜和蔬菜的可能性更大。虽然上述两个区域的人们都认为在家做饭更加健康，但生活在城市中的贫困人群因结构性问题较少在家做饭。由此可推断，除非能够因地制宜地解决不同地区家庭面临的制约因素，否则一般性的科普活动不太可能改变人们喂养婴儿的做法。

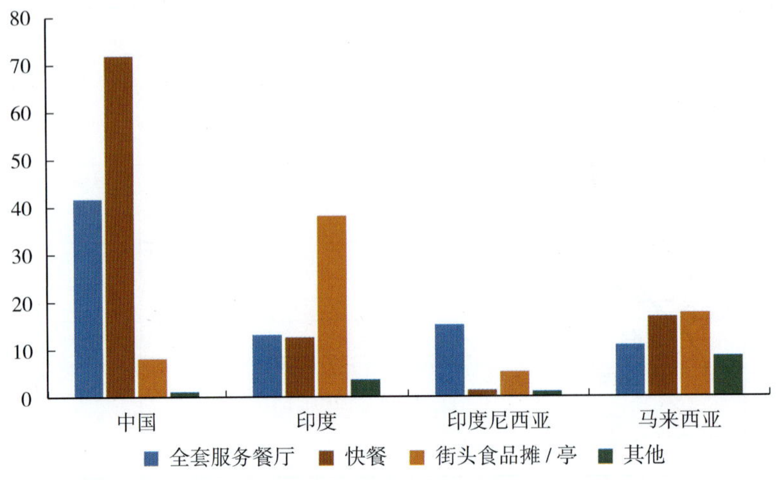

图5-7　各国各种用餐渠道人均年交易次数

资料来源：Euromonitor International（2017）。
注："其他"包括外卖/打包、咖啡厅/小吃店和自助餐厅。

亚太地区部分国家在外就餐现象越来越普遍，会在若干方面产生重要影响。由于消费者对食品原料不甚了解，在外就餐会对营养产生影响。所以需要采取干预措施，帮助食品服务提供方和消费者加强认识。由于餐馆和街头摊贩种类数量繁多，监管工作十分复杂，因此在外就餐会影响食品安全。数据采集和立足实证的政策制定也会受到影响。家庭收入和支出调查通常记录的是在外就餐的总支出，却不记录所消费的食品类型。但在外就餐的占比之高，使此类调查在探究不同家庭群体的食品消费模式方面已不具备价值。今后有必要提高调查的精细程度，这样才能更深入地了解消费模式。

5.2.2　零售店日益多样化

虽然食品支出仍主要用于在家就餐，但在外就餐的支出正不断攀升。就此而言，消费者越来越多地从各类市场和零售店购入食品，包括现代零售商(大型超市、超市、便利店)、传统市场和街头摊贩。例如，达卡居民为方便会在附近杂货店购买主食，在供应量和选择更多的超市购买包装好的加工食品，并在价格最低的菜市场购买新鲜水产品（FAO，2018a）。零售店分布广泛，说明政策将需要覆盖各类食品零售店，以确保食品安全，倡导营养食品消费。

超市实现蓬勃发展（Reardon等，2003），尤其是在中国，但其他各种类型的市场也在争夺不同的消费者群体，满足其多样化的需求。在国家层面，传统零售渠道（如菜市场、街头摊贩、小商店）在印度尼西亚和印度食品零售市场中仍占主流（80%以上），在马来西亚占比过半（Euromonitor International,

2017）。

关于印度尼西亚（Minot等，2015）的一项研究发现，收入和教育水平更高以及拥有汽车或冰箱的消费者通过现代零售渠道购买食品的支出占比更高。年轻人通过现代零售商购买食品的支出占比也较高，但妻子参加工作的家庭并非如此（控制其他因素不变）。印度尼西亚现代零售商出售的食品种类主要包括乳制品、加工食品和进口水果（如苹果），而蔬菜和国产水果几乎完全通过传统零售渠道销售。在中国，约70%的城市消费者通过传统市场购买水果和蔬菜（Zhang和Pan，2013）。

传统零售业仍是城市消费者的主要食品来源，表明超市的质量标准对小农的影响没有人们担心得那么大，至少目前如此。此外，传统菜市场、流动摊贩和小商店是肉类、水产品和蔬菜的首要销售商，表明上述食品在城市地区供应充足（Minot等，2015）。

5.2.3　食品制造业

由于消费者对食品便利性、安全性、质量的要求不断提高，农业企业加大了对食品加工和分销领域的投资，在不同地区提供各种类型的食品。随着人均国内生产总值的提高，农业企业相对于初级农业的重要性日益增大（图2-16）。对食品加工和分销的投资提高了最终产品的价格，从而降低了农场在最终产品附加值中的份额（亚太地区乳制品相关例子见图5-8）。这是在产品离开农场后进行额外加工的自然结果，在高收入国家也会出现这种情况（Antle，1999）。

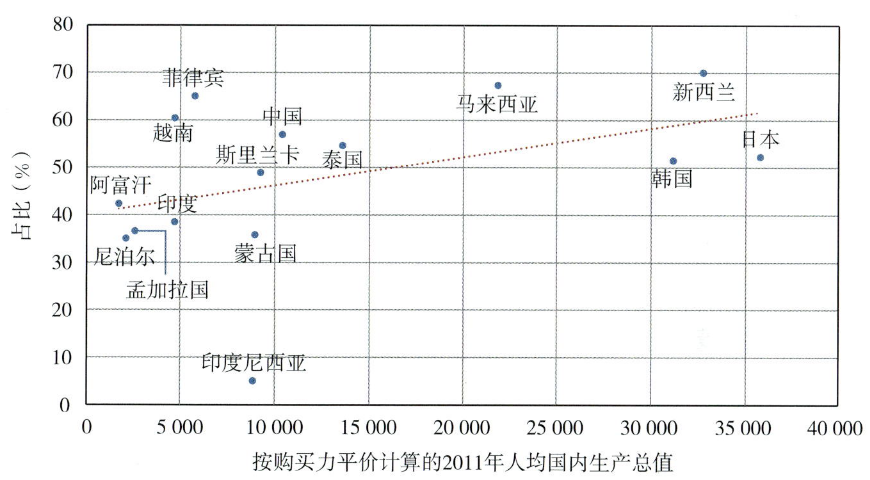

图5-8　各国农场交货后加工附加值占牛奶消费者价格的占比

资料来源：IFCN（2012）。

农民所得份额的减少并不意味着农民蒙受损失，由于总价值提高了，农民所得份额的减少并不等同于绝对数额的减少。事实上，额外的加工可为农民创造新市场，增加其收益，特别是在与农村联系更密切的中小城市（FAO，2017）。除了新的产品市场，额外加工还可增强加工企业与农民之间的联系，帮助农民获得良种和新技术，提高生产水平。

食品加工企业还可提供就业。在中国、印度和印度尼西亚，绝大多数食品加工企业规模很小，员工不足10人，特别是在印度和印度尼西亚，小企业占比超过98%。然而，这些小企业销售额的占比却很低，在印度和印度尼西亚不足1%，在中国只占2%～3%。员工超过50人的公司虽然数量不多，但销售额却占三国销售总额的60%～80%[①]。该情况可能是由规模经济或与食品安全相关的声誉问题所致。

5.2.4 将投入品从工厂运往农场，将食品从农场运往零售商

农场生产有赖于一些投入品的供应和获取（如种子、化肥和动物饲料）。因此，向消费者提供食品的价值链并非以农场为起点——首先须将投入品运往农场，生产过程方能开始。亚太地区的价值链建设正日益完善，Reardon等人将此趋势称为“无声的革命”（Reardon等，2012、2014）。

将食品从农场运往零售商（以及将投入品运往农场）有多种运输模式。在传统的“去中心化”模式下，个体集货商、批发市场和现货市场为零售摊贩提供产品，亚太地区主食、果蔬、其他食品和生产投入品的运销仍主要采用这种模式。

例如，投资孵化场、育苗场和船只并向鱼塘经营者运送鱼苗的私营部门供应商数量迅速增加，推动了缅甸水产养殖业的发展。该价值链中的饲料供应也至关重要，但在缅甸，由于缺乏竞争，颗粒饲料价格居高不下，饲料供应受到限制（Belton等，2018）。然而，在安得拉邦（印度），为服务不断发展的水产养殖业，饲料厂的投资迅速增加，几乎所有投资均来自本国企业（Belton等，2017）。

其他大宗商品的价值链也有所发展。例如，印度政府加大了电力和道路投资，对冷链建设和扩建实施补贴，助力私营部门建设更加完善的马铃薯冷藏设施网络，将储藏期从3个月延长至7个月。在德里附近的阿格拉区，使用冷藏设施的马铃薯种植户比例10年来翻了一番多，从40%升至95%。随着存储便利性的提高，农民对农产品买方拥有了更多选择权（Dasgupta等，2010；FAO，2017；Reardon等，2012）。

培育价值链所需的投资规模和地方知识远非政府一方的力量所能提供，

① 本段中所有数据均来自欧睿国际（2017）。

私营部门发挥的作用至关重要。即使在印度等国家，虽然政府发挥的作用很大，但其作为直接买方和卖方的交易在印度食品经济总量中的占比还不足10%（Reardon和Minten，2011）。

虽然上述“去中心化”模式仍很普遍，但亚太地区正在加强纵向协调，特别是乳业和畜牧业（Verhofstadt, Maerten和Swinnen, 2013）。在其他模式中，可由下列各方与农民进行协调：下游产品买方、上游投入品（如动物、饲料）供应商、其他农民（如合作社），也可以是农民与特定区域其他农民和技术人员协作经营的生产综合体，或多利益相关方（贸易商、加工商、地方政府和研究机构）集群模式。还有一种模式是完全纵向整合，即一家公司成为农场承租方或所有者，持有并管理所有后续加工和分销工作。然而，该模式在亚太以外的其他地区更为常见。对改善食品质量和食品安全状况的追求推动形成了上述协调模式（Verhofstadt，Maerten和Swinnen，2013）。

随着对安全、优质食品需求的增加，新兴价值链的主要挑战将是确保价值链包容性，通过订单农业等机制将小农家庭纳入价值链（Miyata，Minot和Hu，2009）。促进包容性增长的一种方式是将更多农民纳入价值链，然而为降低交易成本，纳入的往往是教育水平较高的农民所持有的大型农场。大规模生产经营中的工薪就业是改善农村生活水平的另一种方式，有助于促进包容性农村发展，应予以重视（Maerten，Colen和Swinnen，2011；Maerten和Swinnen，2009）。工薪就业尤其能够惠及农村无地人口和无法参与产品运销链的妇女，农村无地人口只有房屋和小庭院，没有土地，缺乏在价值链中销售产品的机会（Maerten，Minten和Swinnen，2012）。

5.2.5　国际贸易和全球化

如第二章所述，2000年以来，随着亚太地区多国基础设施的日渐完善、物流的创新和自贸协定的签署，国际食品贸易发展迅猛。虽然多数国家的大部分膳食能量由国内生产并供应，但国际贸易赋予了消费者以更低价格购买更多样食品的可能性，降低了消费者购买食品的经济负担。例如，随着贸易的发展，热带国家得以为国民广泛供应苹果。一般而言，根据进出口食品的类型和数量，国际贸易可能会改善（例如太平洋岛国果蔬贸易量增大）或恶化（例如太平洋岛国动物脂肪贸易量增大）膳食健康水平。

国际贸易的发展也影响着农民生计，部分农民有机会将产品出口至新兴市场，但其他农民则面临着来自国外的激烈竞争。上述影响可通过贸易政策加以缓和。当前各国正实施不同战略，下文以越南和印度尼西亚为例进行对比。

21世纪以来，越南大米、水产品、水果蔬菜等各类食品出口量逐渐上升（图5-9A），同时其他食品进口量也大幅上升，包括小麦、玉米和油籽（用于

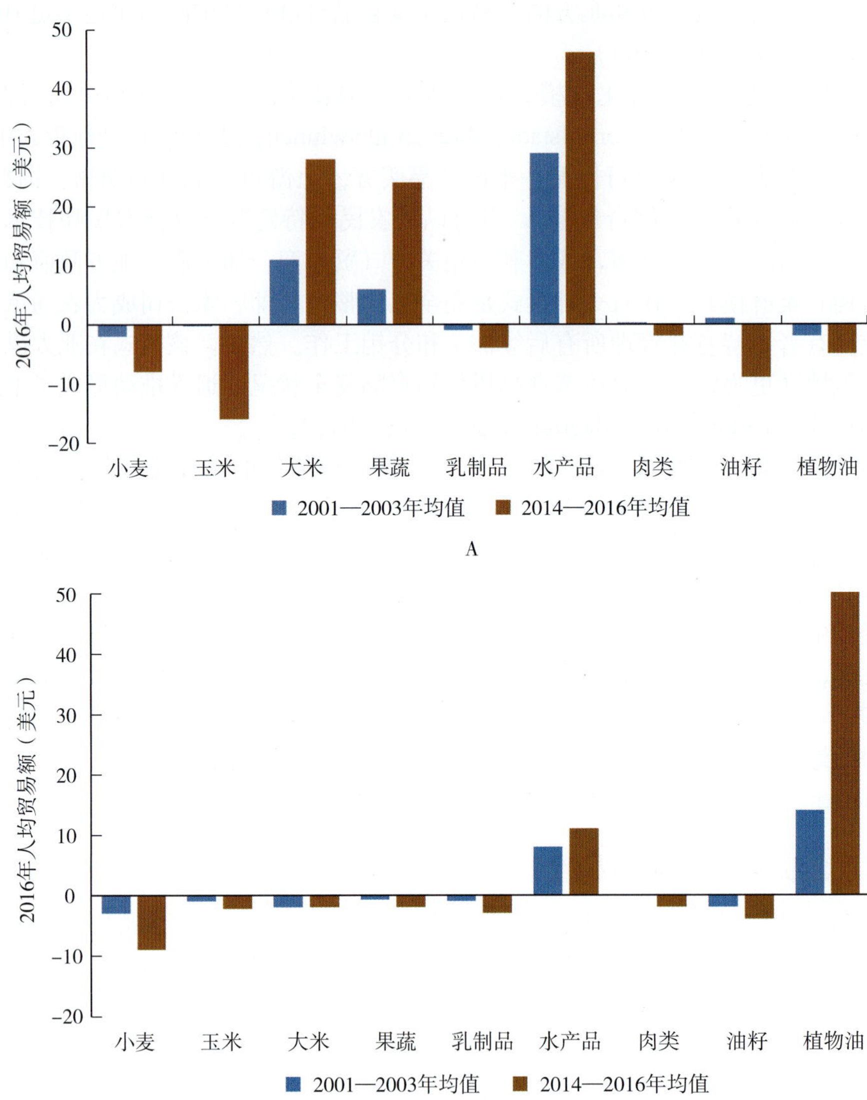

图5-9　2001—2003年和2014—2016年越南和印度尼西亚食品国际贸易情况

A. 2001—2003年和2014—2016年越南各类食品国际贸易情况
B. 2001—2003年和2014—2016年印度尼西亚各类食品国际贸易情况

资料来源：FAO（2018），IMF（2018），ITC（2018）。

注：为更清晰地显示其他商品趋势，将纵轴缩短为人均50美元。2014—2016年印度尼西亚植物油数值为75美元。

生产动物饲料）以及乳制品。该趋势表明一个充满活力的经济体正在挖掘某几类食品生产的比较优势，并进口其他类别的食品。印度尼西亚的情况则截然相反（图5-9B），其政策更加注重大米、玉米、大豆、牛肉和食糖等多种产品的自给自足能力（Sudaryanto，2016），并对果蔬进口设置贸易壁垒，因此贸易量的变化要小得多。暂时性的贸易壁垒有助于提高农民创新能力和竞争力，使政府有时间建设有助于提升竞争力的基础设施。然而，贸易壁垒也抬高了食品价格，导致贫困人口很难负担得起营养食品（Block等，2004），且逐渐取消贸易壁垒在政治上困难重重。因此，对于国际贸易是否可以提高农民竞争力并降低营养不良，各国持不同意见。

5.3 小结

交通和通信设施在亚太地区多国发展迅猛，但还有大量人口尚未联网，且电力设施未覆盖所有农村人口，尤其是南亚和太平洋。基础设施的完善有助于向农民提供更优质的投入品，提高食品产量，在城市化快速发展的背景下，满足不断变化的食品需求和向城市运输食品的需求。得益于基础设施的完善和贸易协定的签署，全球价值链的规模也在不断扩大。

与农村居民相比，城市居民面临着更严重的交通拥堵，工作时间和通勤路程更长，工作日程更严格。因此，城市化提高了人们对食品制备便利性的要求，推动了城市食品环境的转变，特别是加强了零售店和在外就餐服务的多样性。

参考文献

Antl, J.M. 1999. The new economics of agriculture. *American Journal of Agricultural Economics*, 81(5): 993–1010. https://doi.org/10.2307/1244078.

Belton, B., Hein, A., Htoo, K., Kham, L.S., Phyoe, A.S.& Reardon, T. 2018. The emerging quiet revolution in Myanmar's aquaculture value chain.*Aquaculture*, 493: 384–394. https://doi.org/10.1016/j.aquaculture.2017.06.028.

Belton, B., Padiyar, A., G, R. & K, G.R. 2017. Boom and bust in Andhra Pradesh: Development and transformation in India's domestic aquaculture value chain.*Aquaculture*, 470: 196–206. https://doi.org/10.1016/j.aquaculture.2016.12.019.

Block, S.A., Kiess, L., Webb, P., Kosen, S., Moench-Pfanner, R., Bloem, M. & Timmer, P. 2004. Macro shocks and micro outcomes: child nutrition during Indonesia's crisis.Economics and Human Biology, 2: 21–44. https://doi.org/10.1016/j.ehb.2003.12.007.

Dasgupta, S., Reardon, T., Minten, B. & Singh, S. 2010. The transforming potato value chain in India: Potato pathways from a commercialized-agriculture zone (Agra) to Delhi.New Delhi, ADB-IFPRI.

Euromonitor International. 2017. *Passport global market information database* [online]. http://www.portal.euromonitor.com.

FAO. 2017. *The state of food and agriculture: Leveraging food systems for inclusive rural transformation*. Rome.(also available at http://www.fao.org/publications/sofa/en/).

FAO. 2018a. *Asia and the Pacific regional overview of food security and nutrition*.Bangkok, FAO Regional Office for Asia and the Pacific.

FAO. 2018b. *FAOSTAT* [online]. www.fao.org/faostat/.

IMF. 2018. *International Financial Statistics (IFS) Data* [online]. http://www.imf.org/en/Data.

International Farm Comparison Network (IFCN).2012.Dairy report 2012: For a better understanding of milk production world-wide.(also available at https://ifcndairy.org/ifcn-products-services/dairy-report/).

International Trade Center (ITC). 2018. *ITC trade map* [online]. https://www.trademap. org/Index.aspx.

Maertens, M., Colen, L. & Swinnen, J.F.M. 2011. Globalisation and poverty in Senegal: a worst case scenario? *European Review of Agricultural Economics*, 38(1): 31–54. https://doi.org/10.1093/erae/jbq053.

Maertens, M., Minten, B. & Swinnen, J. 2012.Modern food supply chains and development: Evidence from horticulture export sectors in Sub-Saharan Africa.*Development Policy Review*, 30(4): 473–497. https://doi.org/10.1111/j.1467-7679.2012.00585.x.

Maertens, M. & Swinnen, J.F.M. 2009. Trade, standards, and poverty: Evidence from Senegal. *World Development*, 37(1): 161–178. https://doi.org/10.1016/j.worlddev.2008.04.006.

Martha, E., Amelia, T. & Myranti. 2017. Toddler's eating behaviour in slum urban and semi urban communities: Study in Kampung Melayu and Bantul, Indonesia.*The 1st International Conference on Global Health, 9–11 November 2017, Jakarta, Indonesia:* 1–7. https://doi.org/10.18502/kls.v4i1.1360.

Minot, N., Stringer, R., Umberger, W.J.& Maghraby, W. 2015. Urban shopping patterns in Indonesia and their implications for small farmers. *Bulletin of Indonesian Economic Studies*, 51(3): 375–388. https://doi.org/10.1080/00074918.2015.1104410.

Miyata, S., Minot, N. & Hu, D. 2009. Impact of contract farming on income: Linking small farmers, packers, and supermarkets in China. *World Development*, 37(11): 1781–1790. https://doi.org/10.1016/j.worlddev.2008.08.025.

Reardon, T., Chen, K., Minten, B. & Adriano, L. 2012. *The quiet revolution in staple food value* *chains: Enter the dragon, the elephant and the tiger*.ADB & IFPRI.(also available at http://www.ifpri.org/publication/quiet-revolution-staple-food-value-chains).

Reardon, T. & Minten, B. 2011. The quiet revolution in India's food supply chains. *IFPRI Discussion Paper 01115*.(also available at http://www.ifpri.org/publication/quiet-revolution-indias-food-supply-chains-0).

Reardon, T., Timmer, C.P., Barrett, C.B. & Berdegué, J. 2003. The rise of supermarkets in Africa, Asia, and Latin America.*American Journal of Agricultural Economics*, 85(5): 1140–1146.https://doi.org/10.1111/j.0092-5853.2003.00520.x.

Reardon, T., Tschirley, D., Dolislager, M., Snyder, J., Hu, C. & White, S. 2014.Urbanization, diet change, and transformation of food supply chains in Asia.(May).(also available at http://www.fao.org/fileadmin/templates/ags/docs/MUFN/DOCUMENTS/ MUS_Reardon_2014.pdf).

Sahakian, M.; Saloma, C.; Erkman, S.. eds. 2017. *Food consumption in the city: practices and patterns in urban Asia and the Pacific*.London, Routledge.

Sudaryanto, T. 2016. Government policy on self sufficiency to achieve food security in Indonesia.*FFTC Agricultural Policy Articles*.(also available at http://ap.fftc.agnet.org/ ap_db.php?id=680&print=1).

The Economic and Social Commission for Asia and the Pacific (UNESCAP). 2018. *ESCAP Online Statistical Database* [online].[Cited 20 June 2018].http://data.unescap.org/escap_stat/#data/.

Verhofstadt, E., Maertens, M. & Swinnen, J. 2013. Smallholder participation in transforming agri-food supply chains in East Asia.Farmgate-to-market study on managing the agri-food transition in East Asia No. 3.

Warr, P., Widodo, M.A. & Yusuf, A.A.2018.Urbanization and the demand for food in Indonesia

World Bank.2016.*World development indicators 2016*.(also available at http://hdl.handle.net/10986/23969).

World Bank. 2018. *World development indicators* [online]. https://data.worldbank.org/ products/wdi.

Zhang, Q.F. & Pan, Z. 2013. The transformation of urban vegetable retail in China:Wet markets, supermarkets and informal markets in Shanghai.*Journal of Contemporary Asia*, 43(3): 497–518. https://doi.org/10.1080/00472336.2013.782224.

第六章 农村生计与农业劳动生产率

农业有几大重要功能：以高效且有竞争优势的方式，生产出城乡贫困消费者负担得起的营养食品，来消除营养不良（见第四章）；以可持续的方式生产食品，既要改善环境，又不影响未来的生产能力（见第三章）；与此同时，就农村经济整体而言，农业必须让农户过上体面的生活，包括在亚太地区农户中占绝大多数的小农户（见第一章），以及无地、少地的贫困农户。

6.1 农村生计与人口趋势

6.1.1 农村贫困率下降

从总贫困率来看，亚太地区几乎所有国家的农村贫困率都大幅下降（见图6-1）。但太平洋地区的进展存疑，因为该次区域只有斐济提供了两个时间

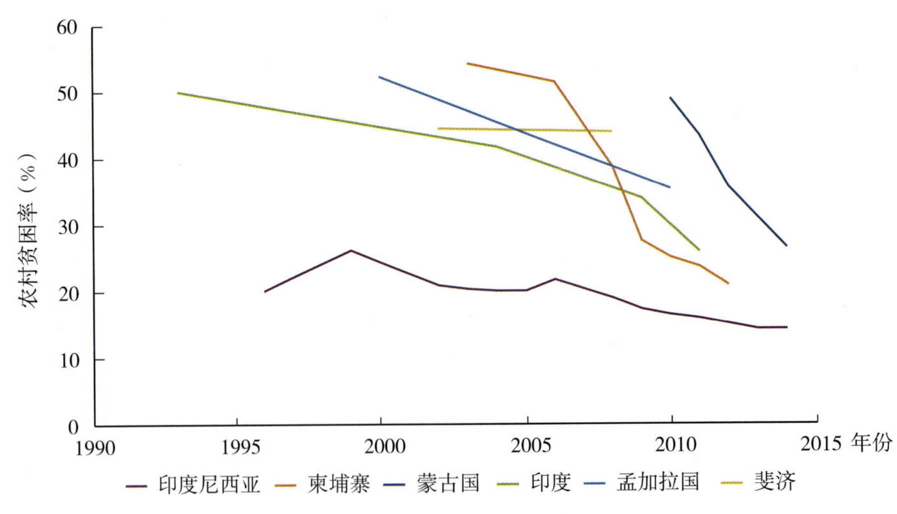

图6-1 1990—2015年部分国家的农村贫困率

资料来源：World Bank（2018）。

节点的数据。虽然不平等问题仍然存在，但亚洲地区经济的迅速发展带动了贫困人口（见第二章），农村贫困率有所下降。

6.1.2 农村非农收入日益重要

就第二章所述经济增长而言，虽然农业的绝对值在增加，但在总体经济中的相对占比却在下降（结构转型）。这一进程中，城市化的发展十分重要，而且非农收入的重要意义不再只体现在城市，也深入到了农村地区。确实，亚太地区农民的生计来源从来都不是只有"面包（大米）"，农村经济早已实现多样化发展，只是人们鲜有察觉。在19世纪40年代江户时代的日本，虽然大多数人都认为自己的职业是农民，但他们的非农收入通常占到了家庭总收入的一半以上。正如当时的一位村长所说："我的父亲常说，这里的村民不能只靠务农或做生意发家致富，必须两手一起抓，就好像马车必须有两个轮子（Smith，1988）。"虽然参与非农活动是提升农村家庭人均收入的重要途径，但当时很多人都和当代人一样，抱怨农民忽视农活，反而开展其他创收活动。

如今，非农收入对于农户来说依然至关重要。Davis等（2017）的多项家庭调查数据显示，部分亚洲国家（孟加拉国、印度尼西亚、尼泊尔、巴基斯坦、越南）几乎所有农户都有过非农收入（图6-2）[①]。当然，很多家庭为兼业农户，但在这五国中的四国里，纯农户的占比在不断下降（图6-3绿柱），只有孟加拉国纯农户的占比无论什么时期都保持在较低水平。农村非农收入来源包括缝纫与编织、建造、教学、提供医疗护理、经商和从事本地运输。很多家庭还有长期或短期迁居至城市的成员，也可通过他们获得非农收入。

纯农户占比在不断下降，非农业兼业户占比总体上升（见图6-3蓝柱），兼业农户（务农、非农收入占比均不到75%的农户）占比也在上升。

农村非农企业重要性日益提高既有优势也有劣势。就优势而言，农村非农企业能增加劳动力需求，从而提高农村地区工资和就业，有助于增加家庭收入。劳动力需求的增加，特别是对非技术工人需求的增加，能够惠及贫困人口，因为体力往往是该人群主要或唯一的资产。非农企业在非种植和收获季节提供就业机会，提高劳动力需求，还有助于应对农业的季节性特点。

人们之所以一只脚踩在农田，一只脚踏入城市，主要是因为大多数国家缺乏全面的社会保障体系，而保留部分农业用地在危机时期可起到保障作用。例如，1998年亚洲金融危机期间，数百万印度尼西亚人在城市失业后，移徙回了农村（Bresciani等，2002）。农村非农经济的增长也使部分人群可以身处农村，但无须务农。

① 虽然所引文献标题没有提及亚洲，但该文献中也提供了亚洲的数据。

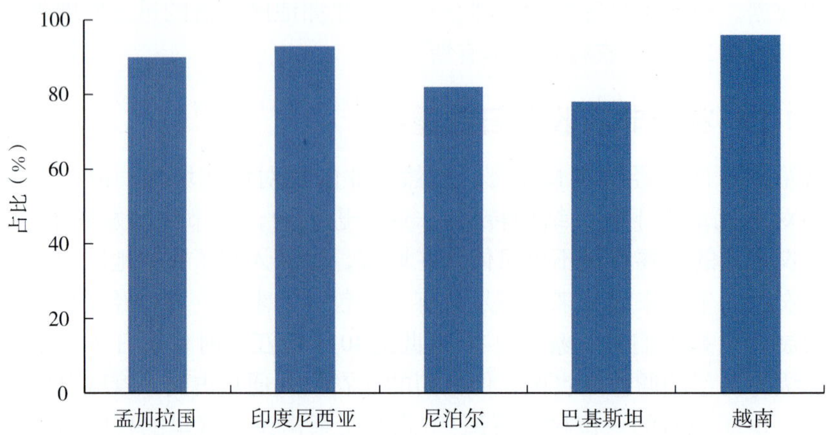

图6-2　21世纪初通过开展非农经营获得收入的农户占比

资料来源：Davis等（2017）。

注：各国数据的具体年份为孟加拉国2005年，印度尼西亚2000年，尼泊尔2003年，巴基斯坦2001年，越南2002年。

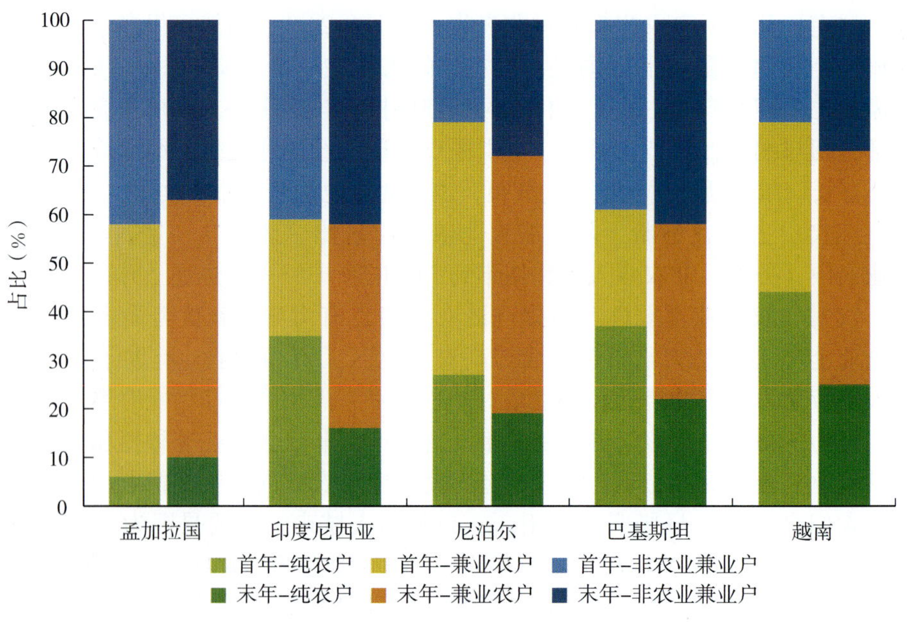

图6-3　农户生计模式变化

资料来源：Davis等（2017）。

注：纯农户指务农收入占总收入75%及以上的农户，非农业兼业户指非农收入占总收入75%及以上的农户。

农村非农收入也有助于实现家庭收入结构的多样化，帮助农户更好地管理农业因易受天气短期波动影响而存在的固有生计风险。非农收入还可以为运作不良的信贷市场提供补充，农民购买农业投入品的资金来源除了融资又多了一种选择（Reardon等，2012、2014）。

额外的农村非农收入给农户带来了诸多好处和机会，但非农收入可能会影响新技术的应用，也给农业带来了一定挑战。新技术可以增加利润、改善环境，但学习和应用新技术都需要时间。而且无论农场规模如何，学习一项新技术或管理技巧的固定成本都很高（Dawe，2003；Foster和Rosenzweig，2017）。这就意味着，小农场的新技术应用范围较小，因此更缺乏应用新技术的主动性。随着时间机会成本的增加，再加上亚太地区农场规模本身就小且还在不断缩小（见下文），非农收入的重要性越高，越会削弱农民花时间学习新技术的积极性。在这种情况下，可能需要进行制度创新，保障农业的效率和竞争力（见第七章）。

6.1.3 农村老龄化

正如第二章所述，随着越来越多的年轻人到城市寻找就业机会，城市地区黄金年龄（15～49岁）劳动人口比例远远高于农村地区。因此，农民平均年龄在增大，发达国家尤为如此。1995—2015年，韩国农场经营者的平均年龄从56岁增长至66岁。而且年龄分布也相当惊人，到2015年，70岁以上的农民成为人数最庞大的农民群体（图6-4）。60岁以上的农场经营者占农民总数的68%，而50岁以下的农民只占9%（Lee，2017）。同一时期内，日本农民平均年龄也从59岁增长至66岁。

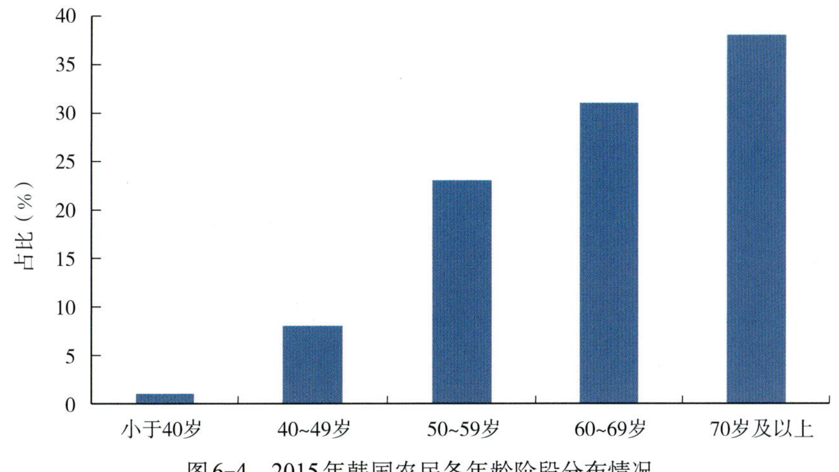

图6-4　2015年韩国农民各年龄阶段分布情况

资料来源：Lee（2017）。

然而，这种现象不仅限于经合组织经济体，其他地方也出现了类似趋势。在越南，2001—2011年，以务农为主要经济活动的人口平均年龄从33岁增长至41岁（越南全国农业普查）。在孟加拉国，1988—2014年，农场户主平均年龄从35岁增长至48岁（Bhandari和Mishra，2018）。40多岁的农民可能既体力好，又有经验，因此与较富裕的经济体相比，老龄化问题在这些国家并没有那么棘手。

尽管如此，未来的趋势仍十分明确。由于老年人无法进行高强度体力劳动，农村劳动力短缺将会加剧。老年农民应用新技术的时间只有退休前的短短几年，因此可能不愿意接受新技术。同时，土地将日益稀缺，在某些情况下甚至会被分割为小地块（见下文有关农场规模的内容），使年轻人难以获得土地，而这正是年轻人对务农缺乏兴趣的一大主要原因（Li，2017；Park和White，2017；Portilla，2017；White，2018）。

6.1.4 农业劳动力女性化

正如第二章所述，南亚城市地区的男性比例高于农村地区，但亚太地区其他地方的情况并非如此。在东亚、东南亚及太平洋地区，大多数国家城市地区的女性比例高于农村地区。南亚的特殊情况可能是其文化规范导致的，南亚的女性赋权水平和离家限制与其他地区有所不同（如第二章指出，南亚的性别发展指数较低）。由于男性与女性移徙规律不同，南亚农业劳动力越来越女性化，尤其是尼泊尔（图6-5）。然而，东亚及东南亚的农业劳动力却渐渐变得更加“男性化”，尤其是高收入国家（图6-6）。

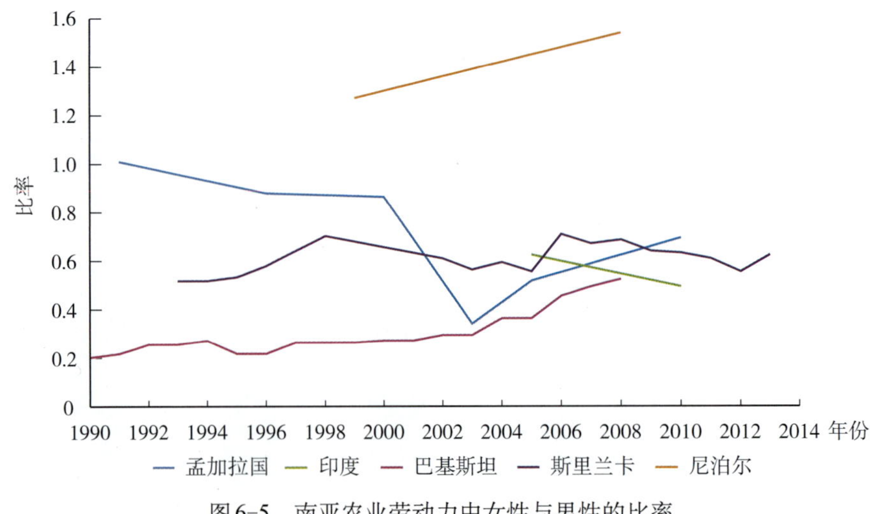

图6-5　南亚农业劳动力中女性与男性的比率

资料来源：World Bank（2018）。

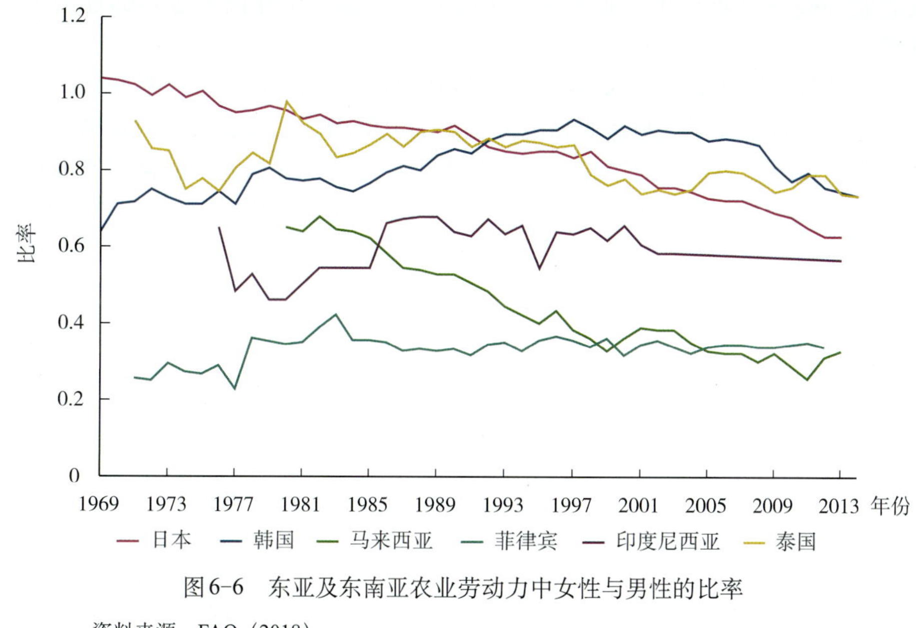

图6-6　东亚及东南亚农业劳动力中女性与男性的比率

资料来源：FAO（2018）。

然而，农业中的性别分工比上述数据所反映的情况更为复杂。部分农活由男女共同参与，如收割水稻。其他农活则主要由男性或女性单独完成。例如，在印度泰米尔纳德邦，女性承担大部分的水稻插秧和除草工作。而在亚洲各次区域的多个国家，男性几乎承担了所有水稻田整地工作。农活的性别分工会改变机械化对社会产生的影响，本章后文将做探讨。而且做同样的农活，女性的工资往往更低（Paris，2017）。

6.2　农业的趋势、原因和影响

6.2.1　劳动生产率提高

低收入国家农业劳动力占比远远高于农业在国内生产总值中的占比。例如，南亚的农业劳动力占比为44%左右，而农业增加值占比仅为18%（见图2-14和图2-15）。这也反映出产业间生产水平存在差距，即农业的劳动生产率（人均增加值）低于其他产业。在收入非常高的国家，这种差距即使没有完全消失，往往也会大幅缩小（如亚太地区的高收入国家，农业约占就业的4%，占国内生产总值的2%）。由于家庭收入还与劳动生产率密切相关，提高劳动生产率，特别是农业劳动生产率以及农村地区的总体生产水平，使农业能够提供与非农业产业同等水平的收入，这对于建设更包容的社会至关重要。

从计算方法上讲，若要缩小农业与其他产业间的劳动生产率差距，要么农业增加值的增长超过制造业和服务业增加值的增长，要么农业就业的增长慢于制造业和服务业就业的增长。虽然除太平洋地区以外所有次区域的农业增加值都有显著增长，但在消费者需求的带动下，制造业和服务业也在快速增长，而且增速始终高于农业（图2-13）。因此，农业增长需要匹配相对缓慢（或为负值）的农业就业增长，以缩小产业间劳动生产率差距。比如1991—2017年，亚太地区人均农业增加值（即劳动生产率）增长最快的是东亚和地区内高收入国家，这些地区和国家人均农业增加值的增长，有一半来源于农业劳动力数量的大幅下降（图6-7）。

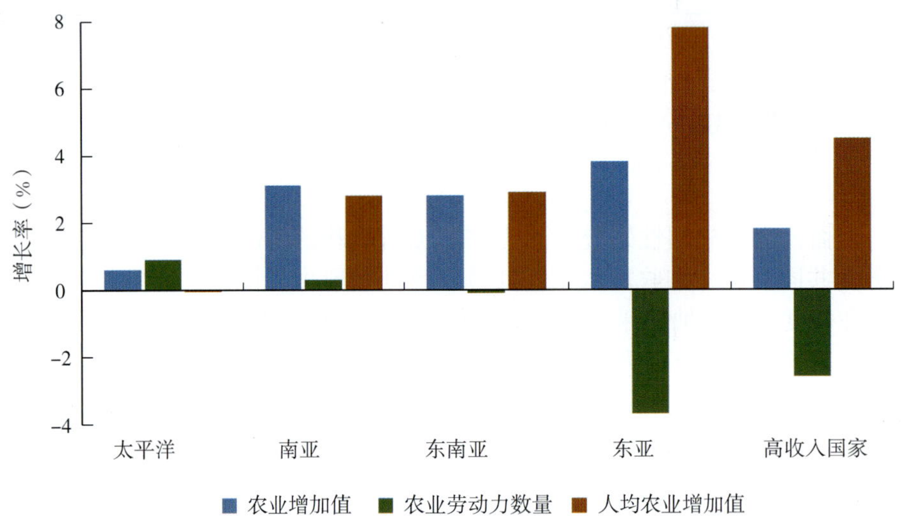

图6-7　1991—2016年农业增加值、农业劳动力数量及人均农业增加值的年均增长率

资料来源：World Bank（2018）。

注：年均增长率由该时间段内回归线斜率计算得出。

过去25年中，农业劳动力数量在人均国内生产总值水平较高的国家下降得更快。所以在四个发展中次区域里，东亚的农业劳动力数量降幅较大，东南亚降幅较小，南亚增幅较小，太平洋地区增幅较大。

劳动力退出农业，资本流入农业支持机械化发展（见下一节），使得资本劳动力比率和农业劳动生产率有所提高。虽然从长期来看，劳动力退出农业将成为提高劳动生产率的主要驱动因素，但也有其他途径。

比如，除了减少劳动投入外，也可以通过其他方式提高人均增加值。一种办法是提高产出的价格，如生产更高价值的食品。第二种办法是提高产量，以提升产值。还有一种办法是以产量不会大幅下降为前提，采取环境友好型生产方式，降低材料投入成本。

从宏观上看，虽然劳动力在退出农业，但许多农民未来仍将长期留在农业，尤其是贫穷国家的农民。但这些农民若要分享总体经济收入增长的红利，就需要找到能够支撑他们做全职农民的高价值市场。这些市场机会是存在的，特别是高价值食品和有机产品市场（见第四章最后一节），但这些机会的数量还不足以阻挡劳动力退出农业的长期趋势。除此之外，如本章前文所述，农户可以一只脚踩在农田，另一只脚踏入非农业活动，实现多样化发展。

6.2.2 农村收入提高与机械化

劳动人口退出农业，为了工作或养老移徙至城市或海外，这会对农业产生影响，比如往往导致劳动力更加稀缺，抬高农村工资，推动机械化[①]。虽然农村实际工资数据匮乏，但在若干亚洲国家已有农村工资上涨的记录（Wiggins和Keats，2014）。而太平洋地区农业增长缓慢（图2-13），农村工资数据尚不明晰。

亚太地区历来重视推动粮食体系的机械化和创新，以节省劳动力。在该地区，收获工具从小刀（如印度尼西亚的水稻割刀）演变为镰刀，再到如今的联合收割机。小型便携式碾米机（如今已提高规格）取代了手工舂米，除草剂取代了手工除草，灌溉机取代了脚踏水泵，散播播种取代了费时费力的手工插秧（某些地区还用插秧机替代散播播种）。

亚太地区正在不断推进机械化。在印度，从2003/2004年到2013/2014年的10年间，拖拉机销量涨了两倍；从2006/2007年到2011/2012年的短短5年间，使用拖拉机的农场数量几乎翻了一番（Gulati，Saini和Manchanda，2017）。在湄公河三角洲和中国浙江省，自21世纪初以来，稻农就利用机械化收割和直接播种，大量削减劳动力的使用（Dawe，2015）。在泰国，机械插秧越来越受欢迎（Poapongsakorn，Pantakua和Wiwatvicha，2016）。在缅甸，随着机械价格的下降和工资的上涨，机械化得到迅速推广（Cho，2017）。在孟加拉国，机械化也在不断快速发展（插文3）。

大多数农机都比其他农业投入品更为昂贵，这可能会严重阻碍农机的应用。事实上，农机租赁市场十分活跃，可提供各类服务，很多农民即使自己没有农机，也能使用农机。在菲律宾，水稻的机械脱粒在20世纪70年代中期开

① 实际工资没有上涨时，机械化或自动化也可能得到发展，但实际工资的上涨确实会激励农民开展机械化作业。

始普及，少数农民企业家购买了全新轴流式脱粒机，并将其运到农村各地，为有需要的农民提供机械脱粒服务。机械脱粒的成本低于人工脱粒，因此这项技术得以迅速推广。在泰国中部平原，只有3%的农民拥有联合收割机，但联合收割作业却十分普遍。这种农机服务多数由个体企业家提供，少数由合作社提供（Dawe，2005）。在孟加拉国，尽管只有2%的农民拥有手扶式旋耕机，却有72%的农民使用这种机器（Mandal，2014）。

插文3　孟加拉国西北部通过机械化发展提高种植强度，改善自然资源管理

机械化不仅能节省劳动力，还能提高种植强度（即每年种植的作物数量），改善稀缺自然资源的利用方式。在孟加拉国西北部的拉杰沙希市，企业家开着双轮拖拉机，在田间一次性就能完成保护性耕作、播种和施肥工作。有了这种一体化农机，农民就能破除季节性劳动力瓶颈，及时播种，充分利用上个雨季剩余的土壤水分，从而提高农业用水生产水平，应对干旱。这种农机通过缩短换茬时间，实现一年三茬，其中包括一茬鹰嘴豆或小扁豆等豆类作物，从而提高土地生产水平。劳动投入的减少还降低了生产成本，如种植成本从每公顷80美元下降到每公顷约23美元。

但农机服务供应商也遇到了一些挑战，如该地区缺乏训练有素的农机操作员和农机配件。而且由于播种深度有时不固定，农机操作员必须在操作双轮拖拉机的几个小时内一直保持站立姿势。

机械化服务也涵盖除整地和收割外的其他作业。20世纪80年代，孟加拉国降低了低扬程水泵的进口关税（Hossain，1996），进口量随之激增。农民把自己的低扬程水泵出租给邻居，邻居就可以用它灌溉自己的农场。印度尼西亚和菲律宾的很多芒果种植户会购买喷洒服务，用于调节花期（Qanti，Reardon和Iswariyadi，2017）。

机械化通常会降低生产成本，比如，在使用机械收割、不使用人工插秧的生产区，每千克水稻的生产成本要低得多（Moya等，2016）。机械化也为生产多样化带来了机遇，比如在印度，随着拖拉机的推广，牛的主要用途已经从耕田犁地和本地运输变为产奶（Kishore等，2016）。

然而，和大多数变革一样，机械化也有利有弊，包括有一些负面社会影响。比如，劳动力需求的减少会导致人们失业，而失业对任何人而言都是痛苦的过渡阶段，尤其是找工作难但又未到退休年龄的中老年人。此外，一般情况下，男性更擅长操作机器，因此机械化所导致的失业对男性和女性造成的影响不同（FAO，2015；FAO，2016）。如果某些农活原本有女性参与，现在由机器代劳，那么女性失业的可能性更大。对于太过劳累、时间不够用的女性而言，工作量和苦差事的减少（如用水泵代替人工）是件好事，但也可能导致她们失去一项收入来源，影响妇女赋权和子女的营养状况（Allendorf，2007；Rahman，Saima和Goni，2015）。如果人们失业后无法在新兴非农业产业或传统农业产业（如生产其他食品，见下文）找到工作，而家人又无法支持他们，就需要发挥社会保障的重要作用。

6.2.3 农场规模与经营模式的变化

除了机械化之外，城市地区劳动力需求的上升也可能导致农场规模扩大。随着劳动力退出农业生产，留下来经营农场的劳动力越来越少。然而，农场规模的扩大有两个制约因素。首先，亚太地区大多土地稀缺，而且由于城市建设、道路建设和其他用地需求，可用耕地的面积正在缩小。其次，更重要的是，获得农业收入和获得非农业收入不是非此即彼的关系。很多人在不脱离土地的同时，逐渐增加非农业收入在家庭总收入中的比重（见本章前文）。此外，菲律宾等国还进行了农业改革，将大农场分割成了大量小农场（Borras，2005；Deininger，Olinto和Maertens，2000）。

由于上述原因，过去几十年里，南亚、东南亚和太平洋地区几乎所有国家的农场规模都有所下降（图6-8A、图6-8B、图6-8D）①。虽然东亚的农场规模已经开始扩大（图6-8C），但扩大的绝对幅度非常小。相比于其他大陆，亚太地区普遍土地稀缺（图1-3），不可能拥有与世界其他地区同等规模的农场。

值得注意的是，虽然亚太大部分地区的平均农场规模在缩小，但某些具体情况下，也出现了明显的整合趋势，如畜牧业。至少在中国、泰国等部分亚太国家，生猪养殖规模正在扩大，家禽养殖和乳业也出现了同样的趋势（Poapongsakorn，Pantakua和Wiwatvicha，2016；Verhofstadt，Maertens和Swinnen，2013）。农场整合的好处在于降低单位生产成本，加强可追溯性，但大量动物拥挤在狭小的空间内，再加上粪污的大量堆积，会对动物福利和环境造成严重负面影响。

从计算方法上讲，只要农场总面积的变化率小于农场数量的变化率，农场规模就会缩小。由于土地稀缺，亚太地区农场总面积并没有迅速增加。同时，尽管农村人口持续向城市移徙，但随着贫穷国家农村人口的持续增加，农

① 农业普查中的农场规模指的是农场经营面积，而非持有的农场面积。因此这部分数据考虑到了部分农民承租和租赁的土地面积。

民不断对土地进行分割，农场数量并没有迅速减少。即使在农村人口减少的富裕国家，城市家庭往往也会保留农场，作为应对危机的保障。综合上述原因，农场规模持续缩小。

虽然国家层面上农场规模在普遍缩小，但各国内部某些地区的农场规模却在扩大。如在泰国和菲律宾，这类规模在扩大的农场靠近繁华市中心，非农经济带动力强，导致农场数量大幅下降。但即使处于经济发展蓬勃的地区，农场规模的增幅也至今甚微（Dawe，2015）。因此，综上所述，农场规模的缩小是亚太地区一个主要的农业趋势。

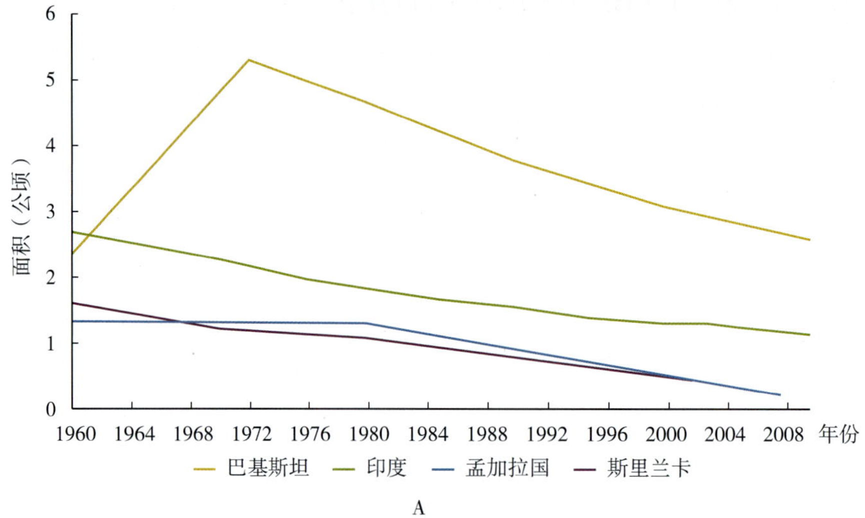

A

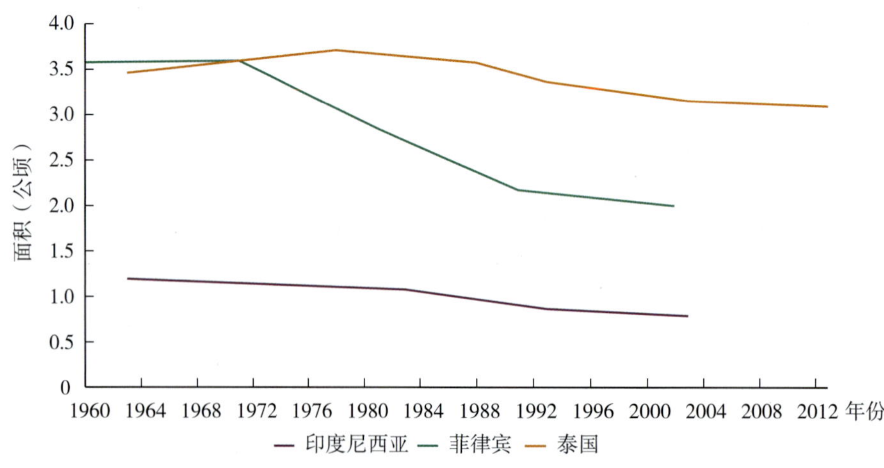

B

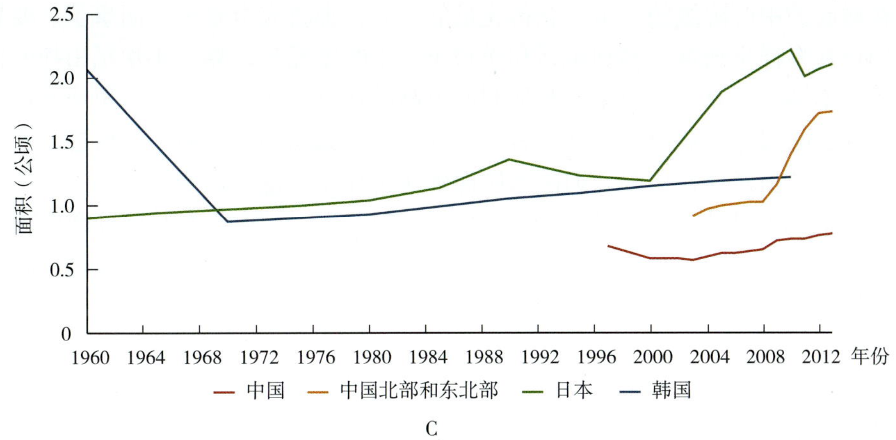

C

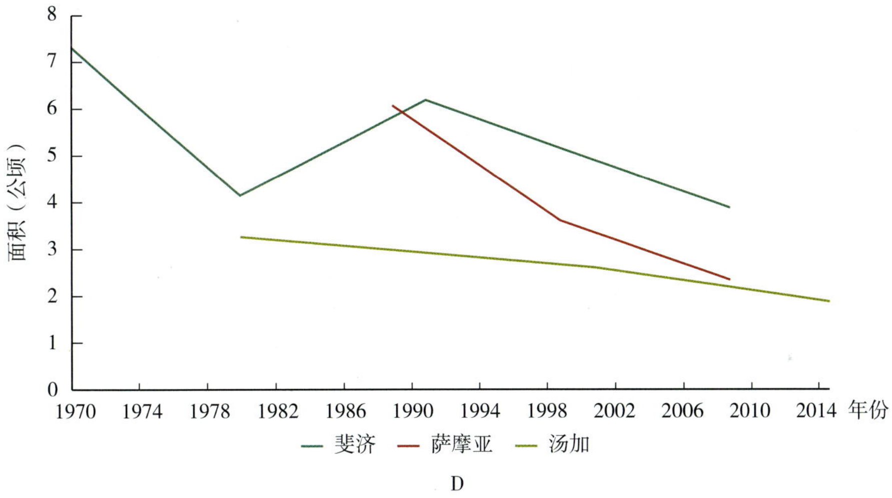

D

图6-8　各次区域农场规模变化趋势

A. 1960—2010年南亚农场规模变化趋势　B. 1960—2013年东南亚农场规模变化趋势
C. 1960—2013年东亚农场规模变化趋势　D. 1970—2015年太平洋地区农场规模变化趋势
资料来源：FAO（2018b）。

农场规模小会带来三个潜在的严重问题。第一，同等条件下，农场规模小意味着农户收入低。第二，农场规模小可能会导致粮食生产效率低，危及国家粮食安全。第三，小农场应用知识密集型、环境友好型技术的动力可能不足。以上农场、粮食和农田问题由Christiaensen（2012）指出。

在几乎所有情况下，一个农民只需要一公顷土地，就能种出足够的水稻，满足一家人的主食需求，实现最基本的粮食安全。而如果是水稻一年两熟的灌溉田，大多数国家的农民一般只需要四分之一公顷土地就够了。但如果要成为正在崛起的中产阶级的一员，获得充足的营养，那就完全是另一回事了。要想负担得起多样化膳食、移动电话和送孩子上学的摩托车，靠一小块稻田挣的钱是远远不够的，要么必须生产其他利润更高的作物，或开展畜禽养殖或水产养殖，要么赚取非农业收入，又或者双管齐下。正如第四章最后一节所述，农业多样化生产虽然存在局限，但国家层面确实正在发生这一转变。

高效的农业生产很重要，农业生产效率提高了，国家才不会过度依赖进口。开展一定规模的进口和出口是十分正常的，但归根结底要处理好进出口的平衡问题。一个国家的农业越有竞争力，就越容易实现这种平衡。虽然可以不凭借竞争力，通过贸易政策来控制进口，但使用保护性农业贸易政策存在明显的弊端，主要表现为两个突出问题。首先，通过政策行动限制进口会导致国内粮食价格上涨，使得没有多少土地的城乡贫困人口无力负担健康营养膳食。其次，由于贫困人口高达70%的预算用于购买食品，国内食品涨价会迫使贫困人口为了贴补收入而从事技术含量低的工作。但与此同时，劳动密集型产业的国际竞争力下降，创造的就业机会减少，阻断了穷人摆脱贫困的关键路径。因此，提高效率和竞争力对于实现国家粮食安全和逃脱中等收入陷阱至关重要。

小型农场向来比大型农场更高效，尤其是在亚洲。因此，农场规模缩小对高效生产的阻碍作用并非显而易见。小型农场之所以效率更高，是因为在劳动力工资低、机械化不具备成本效益时，小型农场可以主要由家庭劳动力管理，而大型农场则需依赖雇用劳动力。雇用的劳动力缺乏全情投入的动力，在多项农活作业过程中难于监管，而家庭劳动力比雇用劳动力更有工作动力，因此小型农场比大型农场效率高。

然而，与小型农场相比，大型农场也具备一些潜在的效率优势。第一，学习新技术或购买新设备的成本是固定的，大型农场可以应用这些知识的范围更广，因此大型农场更有学习新知识和新农业技术的动力。在技术发展停滞的旧时代，这种优势无足轻重。但在科技日新月异的当下，应用新技术对于高效生产至关重要。第二，大型农场能够大批量生产大型零售商所需的安全优质产品，因此也可能具有运销优势。第三，小型农场可能难以应用农机，而且这个问题比通常认识到的更复杂。由于前面提及的机械租赁市场的存在，小型农场不需要自己购买机械，租用即可。也可以设计用于小地块作业的机械，比如，虽然亚太地区里中国和越南的农场规模最小，但水稻收割机在两国均得到广泛应用。Foster和Rosenzweig（2017）认为，这种改良机械虽然能满足工资上涨带来的机械化需求，但也会导致单位生产成本上升。

据估计，小型农场的效率仍然比大型农场相对高一些，只是没以前高出那么多。但有证据表明，随着时间的推移，一些亚洲国家小型农场的效率优势正在逐渐缩小（Otsuka，Liu和Yamauchi，2016）。有一些研究表明，大型农场效率更高（Foster和Rosenzweig，2017）。但也有其他研究表明，小型农场和大型农场的生产水平和盈利能力不相上下（Rada，Wang和Qin，2015）。日本和韩国（图6-9）这两个工资非常高的国家的数据显示，面积最大的稻田每吨生产成本最低、利润最高。

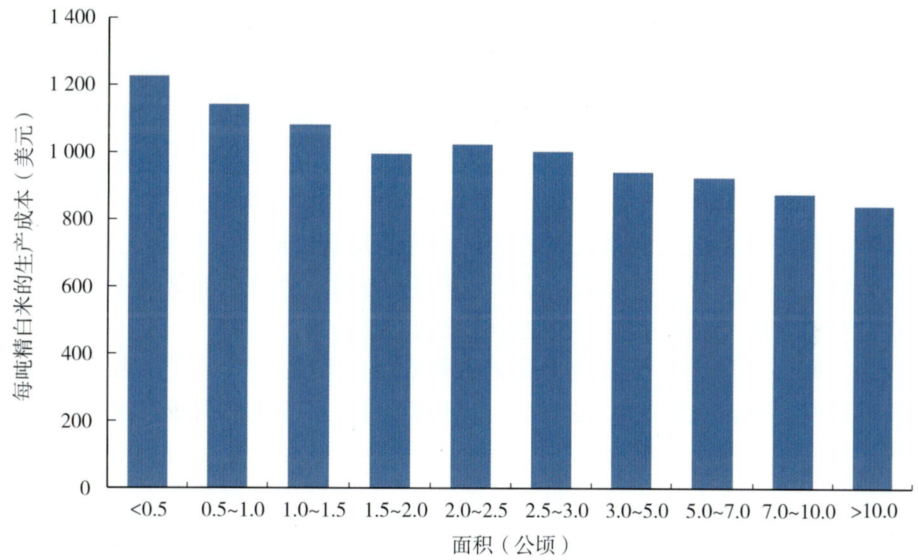

图6-9　2015年韩国不同规模农场每吨精白米的生产成本

资料来源：KOSIS（2017）。

如果大型农场比小型农场效率高，那么关键的问题是，何为农场的最佳规模？Foster和Rosenzweig（2017）估计，印度的农场规模达到5公顷左右时，单位面积利润最高，这个规模比印度现在很多农场都大，但比美洲和澳大利亚的典型农场小得多。Otsuka（2015）的数据表明，日本5至10公顷的水稻农场利润最高，尽管比这个规模还大的水稻农场在日本并不多见。同样，韩国政府官方数据显示，其规模最大的农场每吨的生产成本最低，但划入该类别的农场包括规模刚超过10公顷的农场，其实际规模并不大。

小农场还可能更密集地使用非劳动力投入品。使用额外的投入品确实可以一定程度上提高产量，但也会危害环境。Wu等（2018）发现，在中国，小型农场每公顷土地的化肥农药用量超过大型农场。此外，小型农场虽然产量略高于大型农场，但由于氮素利用效率更低，氮肥流失量更大。

当然，农场可以在危机时期充当保障，而且有助于防止人口过快地向城市移徙，因此从严格的经济视角确定的最佳农场规模从社会视角看并不一定是最佳答案。即使效率优先，即使大型农场的竞争力和盈利能力更强（这一点在亚太地区至今尚无定论），仍然存在一个重要的制度问题——如何在充分尊重小农所有权和使用权的同时，对小型农场进行整合从而扩大规模。如何在统筹效率与公平和社会目标的同时，增强小型农场的竞争力，这方面仍有许多问题尚未解决，有待进一步研究。

6.3 小结

近20年来，亚太地区大多数国家的农村贫困率都有所下降。部分原因是，由于结构转型（第二章），农户越来越依赖非农收入，将此作为生存手段，在农场规模不断缩小的情况下尤为如此。与此同时，农村地区也在经历重要的人口结构变化。诸多国家面临人口老龄化，特别是富裕国家，但在发展中国家，这一趋势也十分显著。在南亚，男性向外移徙导致女性在农业劳动中发挥着越来越重要的作用（通常被称为农业女性化）。

除太平洋岛国外，亚太大部分地区的农业劳动生产率（即每名工人的产量）都有所提升，农村收入也提高了。这种劳动生产率的提升通常源于机械化水平的提高，再加上非农收入增加有助于改善农户生计。但与此同时，机械化也会导致失业（尤其是农村无地人口失业）。这些被机器取代的人如果找不到其他工作，生活将十分艰难。

参考文献

Allendorf, K. 2007. Do women's land rights promote empowerment and child health in Nepal? *World Development*, 35(11): 1975–1988. https://doi.org/10.1016/j. worlddev.2006.12.005.

Bhandari, H. & Mishra, A.K. 2018. Impact of demographic transformation on future rice farming in Asia. *Outlook on Agriculture*, 47(2): 125–132. https://doi.org/10.1177/003072701 8769676.

Borras, S.M. 2005. Can redistributive reform be achieved via market-based voluntary land transfer schemes? Evidence and lessons from the Philippines. *Journal of Development Studies*, 41(1): 90–134. https://doi.org/10.1080/0022038042000276581.

Bresciani, F., Feder, G., Gilligan, D.O., Jacoby, H.G., Onchan, T. & Quizon, J. 2002. Weathering the storm: The impact of the East Asian crisis on farm households in Indonesia and Thailand. *World Bank Research Observer*, 17(1): 1–20. https://doi.org/10.1093/wbro/17.1.1.

Cho, A. 2017. The rapid rise of agricultural mechanization in Myanmar. *Presentation for the "Agriculture and Rural Transformation in Asia: Past Experiences and Future Opportunities" Conference, 13 December 2017, Bangkok.*

Christiaensen, L. 2012. The role of agriculture in a modernizing society: Food, farms and fields in

China 2030. *Sustainable development - East Asia and Pacific Region discussion papers*. https://doi.org/doi.org/10.1596/26882.

Davis, B., Di Giuseppe, S. & Zezza, A. 2017. Are African households (not) leaving agriculture? Patterns of households' income sources in rural Sub-Saharan Africa. *Food Policy*, 67: 153–174. https://doi.org/10.1016/j.foodpol.2016.09.018.

Dawe, D. 2003. The future of large-scale rice farming in Asia. *Paper presented at the International rice conference on modern rice farming, Alor Setar, Malaysia, 13–16 October 2003.*

Dawe, D. 2005. Economic growth and small farms in Suphanburi, Thailand. *Presentation to the workshop on Agricultural Commercialization and the small farmer, 4–5 May 2005*, Rome, FAO.

Dawe, D. 2015. Agricultural transformation of middle-income Asian economies: Diversification, farm size and mechanization. ESA Working Paper No. 15–04. (also available at http://www.fao.org/publications/card/en/c/26f0548f-e90c-4650-9e17-9c378f6484dd/).

Deininger, K., Olinto, P. & Maertens, M. 2000. Redistribution, investment, and human capital accumulation: The case of Agrarian Reform in the Philippines. *Working Paper 28953*. (also available at http://documents.worldbank.org/curated/en/339161468775517919/ Redistribution-investment-and-human-capital-accumulation-The-case-of-agrarian-reform-in- the-Philippines).

FAO. 2015. *Running out of time: The reduction of women's work burden in agricultural production*. F. Grassi, J. Landberg & S. Huyer, eds. (also available at http://www.fao.org/documents/card/en/c/da549560-cd7f-426c-9f6e-7228621cfbfd/).

FAO. 2016. *Addressing women's work burden: Key issues, promising solutions and way forward.* (also available at http://www.fao.org/family-farming/detail/en/c/472900/).

FAO. 2018. *FAOSTAT* [online]. www.fao.org/faostat/.

FAO. 2018b. World Programme for the Census of Agriculture [online]. http://www.fao.org/ world-census-agriculture/en/.

Foster, A.D. & Rosenzweig, M.R. 2017. Are there too many farms in the world? Labor- market transaction costs, machine capacities and optimal farm size. *NBER Working Paper No. 23909*. https://doi.org/10.3386/w23909.

Gulati, A., Saini, S. & Manchanda, S. 2017. Changing landscape of Indian farms: Holdings, labor, and machinery. *Presentation to World Food Policy Conference, 16–17 January 2017, Bangkok, Thailand.*

Hossain, M. 1996. Agricultural policies in Bangladesh: Evolution and impact on crop production. *State market and development: essays in honor of Rehman Sobhan.*

Kishore, A., Birthal, P.S., Joshi, P.K., Shah, T. & Saini, A. 2016. Patterns and drivers of dairy development in India: Insights from analysis of household and district-level data. *Agricultural Economics Research Review*, 29(1). https://doi.org/10.5958/0974-0279.2016.00014.8.

Korean Statistical Information Service (KOSIS). 2017. *Rice production costs by size of plantedland* [online]. http://kosis.kr/statHtml/statHtml.do?orgId=101&tblId=DT_1EC0005&language=en&conn_path=I3.

Lee, J. 2017. Aging of Korean farmers.

Li, T.M. 2017. Intergenerational displacement in Indonesia's oil palm plantation zone. *The Journal of Peasant Studies*, 44(6): 1158–1176. https://doi.org/10.1080/03066150.2017. 1308353.

Mandal, M.A.S. 2014. Agricultural mechanization in Bangladesh: Role of policies and emerging private sector. Paper presented at the NSD-IFPRI workshop on '*Mechanization and Agricultural Transformation in Asia and Africa: Sharing Development Experiences', Beijing, China, 18–19 June 2014.*

Moya, P.F., Bordey, F.H., Beltran, J.C., Manalili, R.G., Launio, C.C., Mataia, A.B., Litonjua, A.C. Dawe, D. 2016. Costs of rice production. In F.H. Bordey, P.F. Moya, J.C. Beltran & D.C. Dawe, eds. *Competitiveness of Philippine rice in Asia*, pp. 99–117. International Rice Research Institute. (also available at http://www.philrice.gov.ph/wp-content/uploads/2016/08/Book_CPRA_22June2016_3.pdf).

Otsuka, K. 2015. *Future of small farms in emerging countries in Asia.*

Otsuka, K., Liu, Y. & Yamauchi, F. 2016. Growing advantage of large farms in Asia and its implications for global food security. *Global Food Security*, 11: 5–10. https://doi.org/10.1016/j.gfs.2016.03.001.

Paris, T. 2017. Technological change and gender division of labor in irrigated rice villages: a comparative analysis across six Asian countries.

Park, C.M.Y. & White, B. 2017. Gender and generation in Southeast Asian agro- commodity booms. *Journal of Peasant Studies*, 44(6): 1105–1112. https://doi.org/10.1080/03066150.2017.1393802.

Poapongsakorn, N., Pantakua, K. & Wiwatvicha, S. 2016. The structural and rural transformation in selected Asian countries.

Portilla, G.S. 2017. Land concessions and rural youth in Southern Laos. *The Journal of Peasant Studies*, 44(6): 1255–1274. https://doi.org/10.1080/03066150.2017.1396450.

Qanti, S.R., Reardon, T. & Iswariyadi, A. 2017. Indonesian mango farmers participate in modernizing domestic. *Bulletin of Indonesian Economic Studies* (accepted December 2016).

Rada, N., Wang, C. & Qin, L. 2015. Subsidy or market reform? Rethinking China's farm consolidation strategy. *Food Policy*, 57: 93–103. https://doi.org/10.1016/j.foodpol.2015.10.002.

Rahman, M., Saima, U. & Goni, A. 2015. Impact of maternal household decision-making autonomy on child nutritional status in Bangladesh. *Asia Pacific Journal of Public Health*, 27(5): 509–520. https://doi.org/10.1177/1010539514568710.

Reardon, T., Chen, K., Minten, B. & Adriano, L. 2012. *The quiet revolution in staple food value chains: Enter the dragon, the elephant and the tiger*. ADB & IFPRI. (also available at http://www.ifpri.org/publication/quiet-revolution-staple-food-value-chains).

Reardon, T., Chen, K.Z., Minten, B., Adriano, L., Dao, T.A., Wang, J. & Gupta, S. Das. 2014. The quiet revolution in Asia's rice value chains. *Annals of the New York Academy of Sciences*, 1331: 1060–118. https://doi.org/10.1111/nyas.12391.

Smith, T.C. 1988. Farm family by-employments in pre-industrial Japan. *The Journal of Economic History*, 29(4): 687–715. https://doi.org/10.1017/S0022050700071941.

Verhofstadt, E., Maertens, M. & Swinnen, J. 2013. Smallholder participation in transforming agri-food supply chains in East Asia. Farmgate-to-market study on managing the agri-food transition in East Asia No. 3.

White, G. 2018. *Rural youth today and tomorrow: Background paper (draft)*. Rome, IFAD.

Wiggins, S. & Keats, S. 2014. Rural wages in Asia. London. (also available at https://www.odi.org/publications/8747-rural-wages-asia).

World Bank. 2018. *World development indicators* [online]. https://data.worldbank.org/ products/wdi.

Wu, Y., Xi, X., Tang, X., Luo, D., Gu, B., Kee, S., Vitousek, P.M. & Chen, D. 2018. Policy distortions, farm size, and the overuse of agricultural chemicals in China. PNAS, 125(27): 7010–7015. https://doi.org/10.1073/pnas.1806645115.

第七章

亚太地区粮食体系的发展

亚太地区充满活力，日新月异。在快速变革（第二章）之下，新趋势（第三章至第六章）将日益影响这一地区的食品生产、消费和贸易。放眼未来，必须考虑以下几点：

- 环境和气候变化（第三章）。只有这样，才能为未来不断增长的人口提供其负担得起的食品。农业会影响环境和气候变化，而环境和气候变化反过来也会影响未来的可持续生产能力。为了供养世界、打造健康环境，在可行的情况下，市场价格应包含生态系统功能的价值；如不可行，应进行技术和制度创新，从而提供这些功能。
- 营养（第四章）。将营养视作人类福祉和国家竞争力的重要组成部分。上一代人与现代人相比贫穷得多，只关心主粮（如大米、小麦、块根和块茎作物）够不够吃的问题。现在，越来越多的人负担得起多样化膳食，而这些膳食需求必须由农业来满足。此外，要为公民提供负担得起的营养膳食，公民才能充分发挥认知潜力，国家才能在信息时代开展有效竞争。宏观层面，各国应缓解卫生体系面临的财政负担，以应对日益严重的肥胖症和非传染性疾病。
- 价值链（第五章）。随着消费者需求更加精细化，且大多数农民和政策制定者对这些新需求感到陌生，价值链也日益复杂化。精细化、复杂化的消费需求（特别是对食品制备便利性提出更高要求）在快速发展的城市地区尤为显著。因此，城市地区的营养不良解决方案应酌情区别于农村地区。
- 农民生计（第六章）。在设计干预措施时，要在农村发展的整体背景下考虑农民生计问题。农村地区工资上涨，非农收入日益重要，这为进一步实现繁荣和管理农业生产中的固有风险提供了机遇，但也会影响农民的决策过程和生产竞争力。尽管如此，但由于这些驱动因素来自农业产业外部的变化，所以农业利益相关方通常不会明确考虑这些因素。

这四个关键考虑因素超出了任何一个私营部门实体、非政府组织或政府部门的能力范畴，这说明在规划和实施过程中，各行动方和各部门之间的协调越来越重要，至少需要进一步理解其他行动方所发挥的重要作用，也就是要“跨部门思考，单一部门行动”（Alderman等，2013），这一点与粮食体系举措相一致。粮食体系举措是指基于多学科团队的整体谋划和对问题的深入分析，统筹施策应对粮食体系挑战（FAO，2018a）。

须注意到，改善环境、改善营养、提升价值链效率和增加农场收入等不同目标之间往往是此消彼长的。例如，动物源性食品富含优质蛋白质和生物可利用的微量营养素，但增加这类食品的产量会对环境造成压力。稻田定期排水和灌水可以减少温室气体的排放，但可能减少水生生物多样性。增加灌溉可以提升农民收入，但也可能加速地下水枯竭，导致地面沉降或咸水入侵。扩大食品进口可以增强消费者的经济负担能力，从而改善营养状况，但对农民来说这会导致农产品价格降低，家庭收入减少，这是典型的食品价格困境（Timmer，Falcon和Pearson，1983）。

除了各目标间此消彼长的关系，社会各方对目标价值的认知也各不相同。同时，在时间期限上也存在取舍关系，长期效益可能必须建立在短期的实质性代价之上。而且无法确定干预措施所产生影响的性质，这也进一步增加了难度。尽管如此，我们仍然要认识到这些取舍关系的存在，而不是想当然地认为：任何时候所有人都能从改变中受益。有了这种认识后，在政治进程的协调下，社会保障体系就能促成虽会伤害某些群体但总体有益的改变。

亚太地区不仅充满活力，而且高度多样化，各国之间以及一国之内各地的文化和人均收入水平均不相同。这种空间和时间上的异质性意味着，为了改善环境、改善营养、提升价值链效率和增加农户收入而采取的适当干预措施将千差万别。然而，虽然做不到面面俱到，但有一些一般性原则也许适宜在多种情况下推动向穷人倾斜的发展，而且在亚太地区已有过先例，证明这些一般性原则确实有助于推动发展向穷人倾斜（Timmer，2004）。

- 在宏观和微观层面创造有利环境，在推动环境可持续型经济发展的同时，为男性和女性提供各类机会，采取主动，掌握人生。
- 建设教育、医疗、公路、农业研究、电气化、清洁用水、环境卫生、数据和信息通信技术等基础设施，降低参与市场的交易成本。
- 农场（FAO，2013a）和各个经济产业的投资活动主要由私营部门（包括小农户）完成，应尽可能推动私营部门和市场的发展，并在必要时对其进行监管。
- 城乡贫困人群和边缘人群购买力低下，在市场等诸多社会层面没有发言权，应对该人群的利益予以特殊考虑。

- 青年代表着未来，应予以特殊考虑。
- 女性在粮食体系中的作用日益重要，如果女性能更好地获得资源，将发挥更大的作用，应给予女性特殊考虑。

这些原则适用于从餐桌到农场的整个粮食体系，包括消费、运销、生产和环境。虽然人们习惯以“从农场到餐桌”来指代粮食体系，但市场经济是由需求驱动的，因此粮食体系更应该从消费者切入，而非农民。农民生计若要得到实质性改善，小农户必须认识到这一点，也要理解日益复杂的价值链中传导的需求。而政府也必须创造有利环境，让小农户参与市场并从中获利。

消费、运销、生产和环境对亚太地区食品经济的影响不断扩大，在粮食体系的快速变革中，许多地方都已经开始在这四个方面运用上述一般性原则。本章将通过案例讨论介绍亚太地区相关发展经验，包括利弊和适用条件。在选择要讨论的发展经验时，主要考虑的是要体现日益重要的环境、营养、不断变化的价值链和不同地域的农民生计，而不是基于成本效益分析。这些实例包括新技术、新体制、新市场和仍然发挥着重要作用的传统干预措施，需要各产业至少在规划阶段就其中多项举措进行协调。

任何一方提出的具体建议都不可能同时改善环境、改善营养、提升价值链效率和增加农场收入，因此以下实例的主要目的在于推动各方就适用于各地区不同条件的发展方法展开讨论。

7.1 环境与气候变化

7.1.1 太阳能灌溉难题

为了满足全球不断增长的粮食需求，需要使用更多的水、土地和能源(Hunter等，2017)。但尤其令人担忧的是，实现国家粮食安全目标所需的水量正在稳步增长。一些国家的农业已经消耗了90%的水资源，而随着城市、工业与环境用水需求的上升，农业用水量的增加将继续加剧亚太大部分地区严重的缺水现象。在经合组织的报告中，亚洲位于印度西北部和中国北部依赖灌溉的粮食产区被列入世界三大粮食生产涉水风险热点地区（OECD，2017）。

亚洲是世界上灌溉农业地下水使用量最大的地区，地下水情况尤其堪忧(Shah等，2007)。农村生计和国家粮食生产越来越依赖地下水，但很多地方的地下水抽取速度已经超过了自然补充速度。比如，卫星获取的地下水储量变化估值显示，北印度地下水的消耗速度约为（17.7±4.5）立方千米/年，是印度最大地表水库承载力的两倍（Rodell，Velicogna和Famiglietti，2009）。亚洲地下水灌溉作物面积的迅速扩大有利于提高农村收入、消除贫困、保障国家粮食安全（Mukherji等，2009）。但与此同时，依靠化石燃料供能的地下水泵也会排放黑碳等气候污染物。

太阳能灌溉系统利用可再生能源代替化石燃料进行发电，可以减少灌溉农业的碳排放量，从而在减缓气候变化方面发挥重要作用（FAO，2018b）。为了实现这一气候目标，多国政府采取一揽子补贴和激励措施，推广太阳能灌溉系统。比如，在印度拉贾斯坦邦，购买一个水泵就能获得激励计划高达86%的补贴（Goyal，2013）。

虽然太阳能灌溉系统能减少碳排放，但同时也会对迅速消耗的地下水供给带来实实在在的风险，必须在两者之间把握平衡。太阳能水泵一年能够提供约2 300～2 500个小时的日间能源（CGIAR，2015），为农民提供源源不断的免费能源，有利于增加收成和收入。但这也带来了风险，加剧了目前已经不可持续的地下水开采程度。不仅如此，亚洲的地下水经济多为非正式经济，地下水的开采与使用均不受政府监管和控制（Shah等，2003）。

如果要满足通过气候智慧型技术降低农业碳排放的迫切需求，同时不进一步加剧地下水的过度开采，就需要统筹政策与投资。首先，各行各业的耗水量必须控制在可持续限额之内。这就需要（通过水资源核算）对当前的水资源使用情况形成定量认识，实施立足实证的水资源分配或配额体系。建立和实施这种体系至关重要，而且应在政府补贴新技术之前完成，因为这些新技术可能会在政府无法控制水资源的情况下加速地下水的开采。有了稳定的水资源核算结果，政府就能更准确地掌握水资源情况，从而改善补贴等政策的设计，确保这些政策适合具体的水文地质条件和社会情况。

7.1.2　农民适应气候变化的方式

亚太各地记录了长时间跨度内（几十年及以上）与气候变化相关的关键气候变量的变化。有效的适应措施既包括针对已观测到的气候多变现象采取渐进措施，也包括对系统性转型举措进行投资以解决未来不确定性更大且可能带来灾难性后果的气候变化情境（Vermeulen等，2013）。

基于气候信息的作物管理就是亚太地区几个国家的农民广泛采用的一种渐进适应措施。具体做法包括：根据不同季节的天气变化调整种植日期，混种成熟期或抗逆性不同的作物品种，并进行补充灌溉（Abid等，2015；Abid，Schneider和Scheffran，2016；Bastakoti等，2014；Bhatta和Aggarwal，2015；Burnham和Ma，2015；Chen，Wang和Huang，2013；Dewi和Whitbread，2017；Meng等，2014；Shaffril，Krauss和Samsuddin，2018；Wood等，2014）。比如，在印度古吉拉特邦，为了适应季风的推迟，农民会种植更加耐旱的作物和延迟播种时间，并进行补充灌溉。在中国东北部，农民逐渐转向种植成熟期长的玉米品种，与发生变化后的气候更相适应，从而使生产水平得到显著提高（Meng等，2014）。但也要指出，这些变化加大了用水需求，可能会加剧缺水问题（Meng等，2016）。

严格来说，基于气候信息的作物管理的广泛应用并不是由农民自发推动形成的现象。研究人员试图了解农民为应对气候风险而开展田间创新的决策过程，发现整个决策过程由诸多因素促成，包括：推广支持服务，更多抗逆作物品种的供应和获取，以及可靠的天气和气候信息（Bhatta等，2017；Burnham和Ma，2015；Shaffril，Krauss和Samsuddin，2018；Wood等，2014）。

在基于气候信息的作物管理的文字记录中，农业推广和社会支持网络是其实现广泛运用的重要因素（Abid等，2015；Cui等，2018；Wood等，2014）。推广以及通过同行交流和农民田间学校进行社会学习，是传播气候信息和引入其他管理方式的重要机制（Bastakoti等，2014；Bhatta等，2017；Hochman等，2017）。农民采取改变种植日期或作物品种等具体适应做法，在某些情况下与针对具体气候问题的政府推广计划有关（Bastakoti等，2014）。

改良的抗逆作物品种的供应对于根据气候信息选择品种至关重要。在亚太地区的诸多小农系统中，耐淹水稻等改良作物品种仍然主要由政府和公共科研机构提供（Atlin，Cairns和Das，2017；Bhatta和Aggarwal，2015）。为应对未来预计将发生的气候变化，需继续开展作物品种创新研发，使之与未来亚太地区不同农业生态系统所面临的气候压力在程度和类型方面的新变化相适应（Bhatta和Aggarwal，2015；Mickelbart，Hasegawa和Bailey-Serres，2015）。要确保国家和国际作物研究机构的植物育种者有条件开发和分配适应气候的新品种，以满足农民（特别是小农）的需求，这一点十分关键。例如，国家和国际研究机构与私营种子企业已合作开发出50多个耐高温杂交玉米品种，亚太地区可对这些品种颁发许可证书、允许流通和部署生产（Cairns和Prasanna，2018）。还需要对公共种子生产分配系统的管理保持警惕，确保淘汰品种不再流通，并定期向农民提供更适应当下气候条件的新品种（Atlin，Cairns和Das，2017）。

为农民提供监测天气的基本工具可以显著提升农民管理气候风险的意愿和能力，提高整体生产水平（Bhatta等，2017）。农民如果能够获得气候预报信息，就能利用这些信息来决定种植日期，选择作物品种（Dewi和Whitbread，2017；Wood等，2014）。总体而言，亚太地区（以及全球）发展中国家的天气和气候信息服务的投资水平较低，质量较差，供应较少（Georgeson，Maslin和Poessinouw，2017；Rogers和Tsirkunov，2013）。但也有例外，比如，一项针对东南亚气象和水文气象服务的快速评估发现，印度尼西亚和菲律宾的观测网络质量相对较好，具备为多类用户提供天气和气候信息服务的人力资源和机构能力（Pieyns，2014）。因此，对气候观测和监测基础设施进行投资，更好地为农民提供天气和气候信息，这种系统性措施将是政府和农业其他利益相关方需要考虑的重要扶持活动（Loboguerrero等，2017；Rogers和Tsirkunov，2013）。

7.2 营养

7.2.1 降低食品含糖量的不同举措

肥胖和糖尿病等非传染性疾病在太平洋地区十分普遍，肥胖症发生率最高的十个国家都是太平洋岛国（NCD-RisC，2018）。非传染性疾病引起了严重的公共健康问题，给政府预算造成压力，占用了本可用于投资的财政资源。在亚洲，肥胖症发生率正在攀升。糖分摄入过多被普遍认为是这些趋势背后的原因之一。除此之外，还有高盐、高脂肪食品的摄入以及缺乏运动。

为了减少高糖食品消费，亚太地区诸多国家目前正在尝试征收糖税，特别是对瓶装含糖饮料征税。世界卫生组织监测的20个太平洋岛国和地区中，超过一半对含糖饮料征税，税率通常在7% ~ 15%（Ives，2017）。菲律宾也征收糖税，但为了让国内食糖生产商更容易接受这一变化，其对进口高果糖玉米糖浆征收的税率更高（Jimenea，2018）。亚太地区其他国家也在考虑征收糖税，但有些国家和地区（如新加坡、中国香港特别行政区）则采取了不同的方法——与私营企业合作，调整产品配方，减少产品含糖量（Aravindan，2017；Tang，2018）。泰国则双管齐下，设置了征税过渡期，鼓励企业调整产品配方，从而免于缴税（USDA，2017）。

多项研究（Osornprasop，2017；Thow，Downs和Jan，2014）发现，征税能够减少目标食品的消费量，但也要注意，消费者可能会选择其他不征税（但可能没营养）的替代性食品。例如，在美国，碳酸软饮料在糖消费量中的占比很高。但在亚洲，碳酸软饮料消费量较低，销售环节在茶水中加糖才是最主要的糖类消费方式。在这种情况下，对瓶装含糖饮料征税可能会鼓励人们消费更多的加糖茶水，使征税措施对糖总消费量的控制效果打折扣。即使在美国，饮料行业也仅占热量甜味剂市场总额的30%左右。因为大多数糖和高果糖玉米糖浆都被添加到了食品中，而非饮料（Cohen，DeFonseka和McGowan，2017）。因此，尽管可能会加大行政管理的复杂程度、实施起来较为困难，但若想通过征收糖税减少糖消费量，就应该扩大征税范围，囊括各类食品和饮料产品。

征收糖税和调整产品配方如果能有效减少消费，甘蔗种植户将受到严重负面影响。为了减少这些负面影响，政府可以通过设计逐步退出策略，向这些农民提供推广服务和新的知识信息，从而使之转为生产其他食品。

然而，由于各国之间和一国之内的饮食偏好、文化和政治情况都不相同，减少糖消费量不可能一蹴而就，须多做尝试，并严格评估成果。

7.2.2 街头食品摊贩与食品安全问题

消费者对食品制备便利性有了更多需求，特别是在城市地区，因此很多人多数时候选择在外就餐（见第五章）。街头食品在满足低收入群体的食品安全和营养需求方面发挥着重要作用，也有助于提升城市的旅游吸引力。然而，由于教育水平低和认识不到位，在亚太地区很多地方的街头食品摊上，不卫生的做法随处可见，造成了公共健康风险，废弃物和垃圾也对环境造成了不良影响。不正规的街头食品摊贩数量众多，往往不受监管，但也经常受到执法部门等机构的“骚扰”。街头摊贩群体组织程度低，认识到这一群体的重要性后，亚太地区部分政府已经采取措施保障稳定的店铺或摊位，对街头食品摊贩进行登记，提供饮用水源，将安全卫生的街头食品作为本市特色饮食文化遗产来进行推广。

最著名的例子之一就是新加坡。新加坡不仅改善了街头食品摊贩的经营环境，而且提升了摊贩的食品安全认识。除了引入许可和检查系统外，20世纪70年代末至80年代初，新加坡还兴建了上百个小贩中心，把街头食品摊贩迁至这些新场地中。通过分区、租金控制、后勤规划和健康餐补贴，新加坡政府确保了全市可供应低收入群体负担得起的安全健康食品。新加坡政府还对小贩实施“教育和监管”政策，投入了大量资金来不断升级小贩中心，如提供冰柜等基础设施，同一中心的不同小贩可以共享这些基础设施（Jaffee等，2018）。

不过，新加坡并非唯一一个与街头食品摊贩开展合作的。曼谷（泰国）虽然对摊贩的监管较少，但要求其完成为期两天的培训课程，内容包括卫生规范和垃圾处理。印度制定了联邦法律（Government of India，2014），面向摊贩开展登记、提高技能、监督质量和稳定生计等工作，并提议设立街头食品安全区域法典标准。孟加拉国在三个城市建立了登记、培训和监督系统。其首都达卡正在对市区的食品流通进行全面分析和绘图，以便进行食品规划，明确食品安全风险点。

7.3 价值链与流通体系

7.3.1 解决小农价值链中的协调与整合问题

亚太地区农业以小农生产为主，全世界近90%的小规模农场都分布在亚太地区，而且规模还在不断缩小（第六章）。生产与市场之间的关系过于分散，导致交易成本高昂，供给与下游消费者需求难以对接，尤其是关乎食品质量与安全的需求。因此，各方正通过多种途径来解决小农价值链中的协调和整合问题，如订单农业、联合经营、共享服务、农民组织或将这几种途径相结合。

在粮食体系转型（见前文）的驱动以及中国、印度尼西亚等国家政策推动下（Rehber，2007），亚太地区很多国家的订单农业数量在不断增加。合约交易似乎在高价值农业粮食链中（如糖、橡胶、油棕、茶、高价值果蔬、禽肉、猪肉和水产品）更为常见，而现货交易依旧是主粮作物交易的常见模式。另外还可以跨国签订合约，如很多老挝小农户就与中国、泰国和越南的外国私人投资者签订了合约。

另一种整合模式似乎也开始在亚太地区盛行，即联合经营，其有时和订单农业相结合。这种模式会对小农场进行整合和统一管理，在种植园规模下进行生产，形成规模经济效应。这种模式与土地租赁（见后文）类似，区别在于小地块的所有者是以劳工的身份（签订租赁协议）还是以分摊投入成本的形式（签订种植合作协议）继续参与整合后大农场的经营活动。

在签订租赁协议的情况下，个体农民将相邻小地块出租给农企和合作社等实体进行统一管理并在农场打工，获得租金和工资的双重收入。例如，尼泊尔农业合作社中央联合有限公司是由800多个农业合作社组成的最高组织，该组织发起了合作社或联合经营倡议。附近农民把土地租给该公司15年，地块整合后（大约70公顷）进行统一管理，这样有利于克服土地分散对投入品使用、作物产量和生产效率造成的不利影响。

在签订种植合作协议的情况下，种植户集体租用土地，或将各自所拥有的小地块整合为适宜规模后进行联合耕种。他们通常与买方签订包含生产、加工和运销规定的种植协议，根据协议分摊劳动、投入成本和经济收益。例如，越南的杂交水稻种子，菲律宾北达沃省和金达沃省的香蕉、南哥打巴托省的菠萝和八打雁省的甘蔗（Pantoja，Alvarez和Sanchez，2017），印度喀拉拉邦和特伦甘纳邦的各种高价值经济作物（Agarwal，2018）。

虽然面临着挑战，但这些模式充满潜力，有利于在小农生产系统内实现规模经济，能有效解决整合和对接市场的问题。这些模式在各地的适用性和包容性各有不同，对各方技术和法律支持的需求程度也不同。

7.3.2 农业粮食市场日趋成熟

亚太地区农业粮食市场日趋成熟，具体表现为：含有全新附加值属性的差异化产品开发，验证这些属性真实性的新工具，以及销售这些新产品的创新市场模式。

随着各种食品安全危机的发生，消费者开始寻求优质安全的产品，这也是推动农业粮食市场日趋成熟的原因之一。消费者开始青睐有特定质量属性、按照特定原则生产并得到认证的产品，比如有机产品、地理标志产品和生态安全产品。

有机农业在亚洲发展迅速。例如，印度的锡金邦已全面禁止化学农药的销售与使用，而且正在逐步淘汰化肥，以期在全邦实现有机生产（FAO，2018d）。然而在很多国家，有机食品仍然是利基市场（见第四章），人均消费量与欧洲或美国相比微不足道（Willer和Lernoud，2018）。但是这些数据并未展现全貌，有几种机制性创新有望通过连接生产者与消费者来创造更多需求。这些机制性创新包括：有机营销俱乐部、社区支持农业和参与式保障体系（Willer和Lernoud，2018）。在社区支持农业模式中，消费者定期从某个农场或几个农场订购农产品。而参与式保障体系模式则着力构建本地质量保障体系，高度重视社会调控和知识建构。孟加拉国、柬埔寨、中国、斐济、印度、老挝、尼泊尔、菲律宾、斯里兰卡、泰国、瓦努阿图等多个国家都采取了参与式保障体系模式（FAO，2018c）。

另一种强化生产者与消费者之间关系的机制是地理标志产品（FAO和SINER-GI，2009）。“地理标志”这一概念将质量安全要求等具体特征、历史和地理融入产品当中，以体现“重视独特性”（Augustin-jean，Ilbert和Saavedra-Rivano，2012），印度的大吉岭茶就是其中一个例子。近年来，东南亚国家联盟（简称东盟，ASEAN）已成为世界上地理标志注册数量最多的地区，过去10年内对超过150个产品进行地理标志注册，其中大部分涉及食品（Rawat，2017）。

销售特殊属性产品的创新市场模式也在迅速发展。比如，在网站和智能手机应用程序上直接向消费者销售产品，这种模式常见于利基市场（无过敏原、无农药、纯素/素食、无塑料等）。生鲜电商正在亚太地区迅速发展，其中中国处于领先地位，2017年销售额高达221亿美元（IResearch，2018）。这一趋势在高价值食品中最为显著，如网购食品中，消费者购买最频繁的是水果，第二是乳制品，第三是蔬菜。电商公司为供应链和物流投入了大量资金，推动了这种模式的发展。

除此之外，帮助消费者验证特定食品属性真实性的数据库和平台也发展迅速。比如，印度食品安全标准局推出的印度有机完整性数据库（Willer和Lernoud，2018），国际有机农业运动联合会（简称有机农联，IFOAM）的国际参与式保障体系倡议地图（IFOAM，2018），以及国际贸易中心的可持续性地图（ITC，2017），消费者、农民、标准制定组织和公共部门可以通过该线上平台与价值链中的其他各方建立联系。还可通过OriGIn（2018）的汇编材料或东盟地理标志数据库（ASEAN，2018）等区域数据库了解地理标志注册情况。

7.4　农民生计

7.4.1　土地租赁和服务市场

正如前几章所述，经济的快速发展和农村人口向城市移徙推动了结构转型，农户因此更加依赖非农收入。虽然这些趋势为现在和曾经的农户带来了诸多好处，但也意味着许多农田要么被撂荒，要么由兼职农民管理，而兼职农民对采用更高产、更环保的新技术并不怎么感兴趣。随着农民老龄化和农场规模不断缩小，农民应用新技术的动力也逐渐减弱。

这些问题可以通过土地租赁和服务市场加以缓解。中国建立起了庞大的土地流转服务中心网络，为有意向出租或租赁农业用地的农民提供一系列服务（Huang，2017）。这种土地租赁市场的关键优势之一，是让租用土地的农民更容易实现规模经济（参见第六章中的讨论）；但潜在缺点在于，土地可能会大量集中在“甩手农民”的手中，导致某些情况下政治执行难度大。

农户如果不愿出租土地，也可以购买服务。例如，农民可以租用脱粒机、水泵或联合收割机，而无须自己拥有这些农机。在孟加拉国，虽然有72%的农民使用手扶式旋耕机，但只有2%的农民拥有这一农机（Ahmed，2017）。在印度尼西亚和菲律宾，私营部门通过类似的方式提供芒果喷洒服务（Qanti，Reardon和Iswariyadi，2017）。有了服务市场，农民无须自己学习技术或借钱购买昂贵的农机，就能采用最新技术，提高农场生产水平。

租赁市场的主要优势在于给每个农民选择的机会：是更愿意继续管理自己的土地？还是把部分农活交由他人管理？又或许自己年纪大了或想花更多时间从事非农业职业，交由他人全权代管这片土地？这种土地租赁和服务市场为三类人带来了好处——出租人既有了租金收入，又能在非农业产业获得额外收入；承租人耕种面积扩大，利润上升；服务提供方得以发展业务。尤其是，这种市场为年轻人提供了获得土地或利用信息通信技术知识的重要途径。

虽然土地租赁和服务市场能带来很多好处，但仍然有必要进行创新，如改良农机使其适应小型农场，公共部门可以为因地制宜开发样机提供支持。政府可以适当出台税收激励措施，通过制定法规保障信贷市场的平稳运行。例如，允许用农机做抵押品，以鼓励私有银行向农民或企业家放贷。如果农民和企业家能够从向其他农民推广和提供农机租赁服务中获得巨大经济利益，农机购置补贴财政政策才能达到最佳效果。这种方式比赠送农机更可取，因为经验表明，农机难免会发生故障，但农民通常不会维修这些赠送的机械（Schmidley，2014）。

另一则重要教训是，政府不应为这种租赁服务设定价格上限或试图直接提供这种服务，因为相比之下私营部门能更有效地完成这项任务。例如，20世纪80年代初，斯里兰卡政府建立了定制租赁中心。但到了20世纪90年代中期，这些中心由于竞争不过私营企业家而消失在了大众视野中（Samarasinghe，2017）。

7.4.2 农用无人机

农民必须适应气候变化等挑战。利用信息通信技术工具和其他技术获取准确、可靠和及时的信息以用于改善决策，有助于推动其适应的过程。近年来，小型无人驾驶飞行器（通常被称为“无人机”）被应用于农业。无人机在改善空间数据采集方式、支持立足实证的农业决策方面具有巨大潜力，正被迅速应用于农作物种植（精准农业）、预警系统、灾害风险减少和管理，以及林业、渔业和野生动物保护。

精准农业指的是对传感器数据和成像进行实时数据分析，绘制农田空间差异图，以监测和提高农场生产水平。将无人机收集的数据输入到分析模型中，可协助土壤健康扫描、作物健康监测、灌溉计划制定和施肥。配备红外线、多光谱和高光谱传感器的无人机可以精确分析作物健康和土壤状况，帮助农民更好地进行作物实时管理，从而降低投入成本，增加产量，或者同时实现两者。但扩大无人机的应用存在一些主要限制因素，如无人机本身造价高昂，电池续航能力有限。这些因素可能会随着无人机租赁市场的发展和电池存储技术的进步而逐步改善，让小农负担得起这项技术。

除了精准农业之外，无人机也在农业保险中获得应用，如保险理赔取证（Wadke，2017）。尽管可能存在数据隐私方面的关切，但无人机成像技术在准确估计损失方面效果显著。私营公司正在用无人机为保险公司以及印度邦一级政府提供农业调查服务，如马哈拉施特拉邦、古吉拉特邦、拉贾斯坦邦和中央邦政府。

此外，无人机也被用于协助灾害风险减少和管理工作。无人机收集的数据可以为农村提供优质可靠的建议，帮助农村了解风险（如滑坡和侵蚀的风险），也可以帮助政府更好地规划减灾、救灾和应急工作。粮农组织已与缅甸和菲律宾政府开展合作，在偏远地区（如缅甸的若开邦和钦邦等地）就无人机技术相关用途开展试点工作。

7.4.3 均衡饲料配比，提高生产水平，增加收入

畜禽养殖是整个亚太地区许多农民的重要收入来源，有助于满足消费者对多样化膳食的需求，为儿童提供良好的营养来源。然而，许多农民无法获得

其使用的本地饲料的科学成分信息，也不完全了解不同动物品种在生命周期不同阶段的营养需求，导致很多动物的能量、蛋白质和矿物质摄入不当。例如，最近一项针对印度乳业的评估发现，三分之二的奶牛摄入了过多的能量和蛋白质，而相同数量的奶牛缺乏矿物质（NDDB，2017）。

饲喂不均衡会导致产肉量或产奶量下降、投入成本过高以及发病率上升等后果。大型私营企业对这些问题了然于胸，投入了大量资源来适当平衡饲料配比。然而，小农掌握的知识较少，优化饲料配比的难度较大。应通过政府提供农业技术推广服务来克服这一限制因素。

例如，印度国家乳制品发展委员会开发了一款电脑软件，推广人员可通过该软件指导农民如何利用商品饲料、青绿草料、作物残茬、草等能就地获取的原料调配低成本均衡日粮。该软件不仅考虑了体重、产奶量、乳脂率和妊娠状态等动物特征，也考虑了不同农业生态区域可用的饲料原料类型。

这一系统成功提高了牛奶产量，降低了饲料成本，将每日收入提高了10% ~ 15%，男性和女性农民都因此受益（FAO，2012b）。虽然一开始农民对给奶牛打耳标心怀顾虑，但据估计，印度90%的奶牛场都在采用该软件的建议（Searby，2018）。除了提高农户收入外，均衡日粮的做法也使生产每千克牛奶牛肠道产生的甲烷排放量减少了12% ~ 15%。

但由于最初的启动资金来源于特殊项目，所以这项工作遇到了一个难题——如何为推广人员提供持续资金来源。虽然面向农民持续开展科普教育工作许多时候存在资金保障难的问题，但是随着科技的进步，全社会的农业生产知识在不断增长和演变，因此这类科普教育工作具有重要意义。

参考文献

Abid, M., Scheffran, J., Schneider, U.A. & Ashfaq, M. 2015. Farmers' perceptions of and adaptation strategies to climate change and their determinants: The case of Punjab province, Pakistan. *Earth System Dynamics*, 6: 225–243. Available at https://doi.org/10.5194/esd-6- 225-2015.

Abid, M., Schneider, U.A. & Scheffran, J. 2016. Adaptation to climate change and its impacts on food productivity and crop income: Perspectives of farmers in rural Pakistan. *Journal of Rural Studies*, 47(Part A): 254–266.

Agarwal, B. 2018. Can group farms outperform individual family farms? Empirical insights from India. *World Development*, 108: 57–73. Available at https://doi.org/10.1016/j.worlddev.2018.03.010.

Ahmed, A.U. 2017. Patterns of farm mechanisation in Bangladesh. In M.A.S. Mandal, S.D.

Biggs & S.E. Justice, eds. *Rural mechanisation: A driver in agricultural change and rural development*, pp. 119–134. Dhaka, Bangladesh, Institute for Inclusive Finance and Development (InM).

Alderman, H.H., Elder, L.K., Goyal, A., Herforth, A.W., Hoberg, Y.T., Marini, A., Ruel Bergeron, J., Saavedra Chanduvi, J., Shekar, M., Tiwari, S. & Zaman, H. 2013. *Improving nutrition through multisectoral approaches*. Washington DC, World Bank Group. (also available at http://documents.worldbank.org/curated/en/2013/01/17211210/improving-nutrition-through-multisectoral-approaches).

Aravindan, A. 2017. In health push, Singapore gets soda makers to cut sugar content. *Reuters Health News*, 21 August 2017. (also available at https://reut.rs/2fXLeeE).

Association of Southeast Asia Nations (ASEAN). 2018. *Geographical indications database* [online]. Available at http://www.asean-gidatabase.org/gidatabase/.

Atlin, G.N., Cairns, J.E. & Das, B. 2017. Rapid breeding and varietal replacement are critical to adaptation of cropping systems in the developing world to climate change. *Global Food Security*, 12: 31–37. Available at https://doi.org/10.1016/j.gfs.2017.01.008.

Augustin-jean, L., Ilbert, H. & Saavedra-Rivano, N., eds. 2012. *Geographical indications and international agricultural trade: The challenge for Asia*. Palgrave Macmillan. Also available at https://www.palgrave.com/gp/book/9780230355750#aboutAuthors.

Bastakoti, R.C., Gupta, J., Babel, M.S. & van Dijk, M.P. 2014. Climate risks and adaptation strategies in the Lower Mekong River basin. *Regional Environmental Change*, 14: 207–219. Available at https://doi.org/10.1007/s10113-013-0485-8.

Bhatta, G.D. & Aggarwal, P.K. 2015. Coping with weather adversity and adaptation to climatic variability: a cross-country study of smallholder farmers in South Asia. *Climate and Development*, 8(2): 1–13. Available at https://doi.org/10.1080/17565529.2015.1016883.

Bhatta, G.D., Ojha, H.R., Aggarwal, P.K., Sulaiman, V.R., Sultana, P., Thapa, D., Mittal, N., *et al.* 2017. Agricultural innovation and adaptation to climate change: empirical evidence from diverse agro-ecologies in South Asia. *Environment, Development and Sustainability*, 19(2): 497–525. Available at https://doi.org/10.1007/s10668-015-9743-x.

Burnham, M. & Ma, Z. 2015. Linking smallholder farmer climate change adaptation decisions to development. *Climate and Development*: 289–311. Available at https://doi.org/10.1080/17565529.2015.1067180.

Cairns, J.E. & Prasanna, B.M. 2018. Developing and deploying climate-resilient maize varieties in the developing world. *Current Opinion in Plant Biology*, 45. Available at https://doi.org/10.1016/j.pbi.2018.05.004.

Chen, H., Wang, J. & Huang, J. 2013. Policy support, social capital, and farmers' adaptation to drought in China. *Global Environmental Change*, 24(1): 193–202. Available at https://doi.org/10.1016/j.gloenvcha.2013.11.010.

Cohen, E., DeFonseka, J. & McGowan, R. 2017. Caloric sweetened beverage taxes: A toothless solution? *The Economists' Voice*, 14(1). Available at https://doi.org/10.1515/ev-2017-0009.

Consortium of International Agricultural Research Centers (CGIAR). 2015. Solar-powered water pumps offer green solution to irrigation. *Sunshine: India's new cash crop*. CGIAR Research Program on Water, Land and Ecosystems (WLE). Available at https://wle.cgiar.org/sunshine-india-new-cash-crop.

Cui, Z., Zhang, H., Chen, X., Zhang, C., Ma, W., Huang, C., Zhang, W., *et al.* 2018. Pursuing sustainable productivity with millions of smallholder farmers. *Nature*, 555(7696): 363–366. Available at https://doi.org/10.1038/nature25785.

Dewi, E.R. & Whitbread, A.M. 2017. Use of climate forecast information to manage lowland rice-based cropping systems in Jakenan, Central Java, Indonesia. *Asian Journal of Agricultural Research*, 11(3): 66–77. Available at https://doi.org/10.3923/ajar.2017.66.77.

FAO. 2012a. The state of food and agriculture 2012: Investing in agriculture for a better future. (also available at http://www.fao.org/publications/sofa/2012/en/).

FAO. 2012b. Balanced feeding for improving livestock productivity: Increase in milk production and nutrient use efficiency and decrease in methane emission. *FAO Animal Production and Health Paper No.173*. (also available at http://www.fao.org/docrep/016/i3014e/i3014e00.htm).

FAO. 2013. *Contract farming for inclusive market access*. C.A. da Silva & M. Rankin, eds. Rome. (also available at http://www.fao.org/3/a-i3526e.pdf).

FAO. 2018a. Food systems and value chains: definitions and characteristics. In: *Production and resources: developing sustainable food systems and value chains for climate-smart Agriculture* [online]. http://www.fao.org/climate-smart-agriculture-sourcebook/production-resources/module-b10-value-chains/chapter-b10-2/en/.

FAO. 2018b. *The benefits and risks of solar-powered irrigation – a global overview*. H. Hartung & L. Pluschke, eds. FAO & GiZ. (also available at http://www.fao.org/3/i9047en/I9047EN.pdf).

FAO. 2018c. Participatory Guarantee Systems (PGS) for sustainable local food systems. (also available at http://www.fao.org/3/I8288EN/i8288en.pdf).

FAO. 2018d. Sikkim, India's first "fully organic" state wins FAO's Future Policy Gold Award. (also available at http://www.fao.org/india/news/detail-events/en/c/1157760/).

FAO & SINER-GI. 2009. *Linking people, places and products: A guide for promoting quality linked to geographical origin and sustainable geographical indications*. Second edition. E. Vandecandelaere, F. Arfini, G. Belletti & A. Marescotti, eds. Available at http:// www.fao.org/sustainable-food-value-chains/library/details/en/c/266257/.

Georgeson, L., Maslin, M. & Poessinouw, M. 2017. Global disparity in the supply of commercial weather and climate information services. *Science Advances*, 3(e1602632). Available at https://doi.org/10.1126/sciadv.1602632.

Government of India. 2014. The Street Vendors (Protection of Livelihood and Regulation of Street Vending) Act, 2014. Available at https://www.india.gov.in/street-vendors-protection-livelihood-and-regulation-street-vending-act-2014.

Goyal, D.K. 2013. Rajasthan solar water pump programme: Sustainable future for farmers. *Akshay Urja Renewable Energy*, 7(2&3): 10–18. Available at https://mnre.gov.in/file-manager/akshay-urja/september-december-2013/EN/10-18.pdf.

Hochman, Z., Horan, H., Reddy, D.R., Sreenivas, G., Tallapragada, C., Adusumilli, R., *et al.* 2017. Smallholder farmers managing climate risk in India: 1. Adapting to a variable climate. *Agricultural Systems*, 150: 54–66. Available at https://doi.org/10.1016/j.agsy.2016.11.007.

Huang, J. 2017. *Land transaction service centers in China: An institutional innovation to facilitate land consolidation*. Beijing.

Hunter, M.C., Smith, R.G., Schipanski, M.E., Atwood, L.W. & Mortensen, D.A. 2017. Agriculture in 2050: Recalibrating targets for sustainable intensification. *BioScience*, 67(4): 386–391. Available at https://doi.org/10.1093/biosci/bix010.

International Federation of Organic Agriculture Movements (IFOAM). 2018. *Map of participatory guarantee systems worldwide* [online]. Available at https://pgs.ifoam.bio/.

International Trade Center (ITC). 2017. Routes to inclusive and sustainable trade. *International Trade Forum(4)*. Available at http://www.intracen.org/uploadedFiles/Common/Content/TradeForum/Trade_Forum_4_2017.pdf.

IResearch. 2018. *China's fresh food e-commerce consumption report*. Available at http://www.iresearchchina.com/content/details8_41001.html.

Ives, M. 2017. As obesity rises, remote Pacific Islands plan to abandon junk food. *New York Times*, 19 February 2017. Available at https://www.nytimes.com/2017/02/19/world/asia/junk-food-ban-vanuatu.html.

Jaffee, S., Henson, S., Unnevehr, L., Grace, D. & Cassou, E. 2018. *The safe food imperative: Accelerating progress in Low- and Middle-Income countries*. Washington, DC, World Bank Group. Available at https://openknowledge.worldbank.org/handle/10986/30568.

Jimenea, L. 2018. Soda makers eye more local sugar input. The Philippine Star, 11 January 2018. Available at http://po.st/Kp1kTp.

Loboguerrero, A.M., Birch, J., Thornton, P., Meza, L., Sunga, I., Bong, B.B., Rabbinge, R., *et al.* 2017. *Feeding the world in a changing climate: An adaptation roadmap for agriculture.*

Rotterdam and Washington, DC, The Global Commission on Adaptation. Available at https://hdl.handle.net/10568/97662.

Meng, Q., Chen, X., Lobell, D.B., Cui, Z., Zhang, Y., Yang, H. & Zhang, F. 2016. Growing sensitivity of maize to water scarcity under climate change. *Scientific Reports*, 6(19605). Available at https://doi.org/10.1038/srep19605.

Meng, Q., Hou, P., Lobell, D.B., Wang, H., Cui, Z., Zhang, F. & Chen, X. 2014. The benefits of recent warming for maize production in high latitude China. *Climatic Change*, 122(1–2): 341–349. Available at https://doi.org/10.1007/s10584-013-1009-8.

Mickelbart, M. V., Hasegawa, P.M. & Bailey-Serres, J. 2015. Genetic mechanisms of abiotic stress tolerance that translate to crop yield stability. *Nature Reviews Genetics*, 16(4): 237–251. Available at https://doi.org/10.1038/nrg3901.

Mukherji, A., Facon, T., Burke, J., Fraiture, C. de, Faurès, J.M., Füleki, B., Giordano, M., *et al.* 2009. *Revitalizing Asia's irrigation to sustainably meet tomorrow's food needs.* International Water Management Institute (IWMI), FAO. Available at http://www.iwmi. cgiar. org/Publications/Other/PDF/Revitalizing Asia%27s Irrigation.pdf).

National Dairy Development Board (NDDB). 2017. Implementing a Ration Balancing Programme (RBP) in India. (also available at https://dairysustainabilityframework.org/wp-content/uploads/2017/11/Winning-Poster.pdf).

NCD Risk Factor Collaboration (NCD-RisC). 2018. *NCD-RisC data and publications* [online]. Available at http://ncdrisc.org/.

Organisation for Economic Co-operation and Development (OECD). 2017. *Water risk hotspots for agriculture*. OECD Publishing. Available at http://www.oecd-ilibrary.org/agriculture-and-food/water-risk-hotspots-for-agriculture_9789264279551-en.

Organization for International Geographical Indications (oriGIn). 2018. *Online database of geographical indications*. Available at https://www.origin-gi.com.

Osornprasop, S. 2017. *Tonga NCD-related taxation policy assessment: Preliminary findings from government data and baseline household/retail surveys*. Paper presented at the Asia and the Pacific Symposium on Sustainable Food Systems for Healthy Diets and Improved Nutrition, 10–11 November 2017, Bangkok, Thailand.

Pantoja, B.R., Alvarez, J.V. & Sanchez, F.A. 2017. *Assessment of agribusiness venture arrangements and sugarcane block farming for the modernization of agriculture*. Philippine Institute for Development Studies. Available at https://pidswebs.pids.gov.ph/CDN/PUBLICATIONS/pidsdps1735.pdf.

Pieyns, S. 2014. *Assessment on the state of hydrological services and proposals for improvement. Phase I: Rapid global assessment proposals for further in-depth capacity assessment in selected* *countries*. Washington, DC, World Bank.

Prowse, M. 2012. Contract farming in developing countries: a review. *A savoir*, 12. Paris, AFD. Available at https://www.afd.fr/en/contract-farming-developing-countries-review.

Qanti, S.R., Reardon, T. & Iswariyadi, A. 2017. Indonesian mango farmers participate in modernizing domestic. *Bulletin of Indonesian Economic Studies* (accepted December 2016).

Rawat, P. 2017. Unfolding geographical indications of India: A brief introduction. *International Journal of Advanced Research and Development*, 2(5): 497–508.Available at http://www.advancedjournal.com/archives/2017/vol2/issue5.

Rehber, E. 2007. *Contract farming: Theory and practice.* The ICFAI University Press. Available at http://ageconsearch.umn.edu/record/259070/files/Rehber1.pdf.

Rodell, M., Velicogna, I. & Famiglietti, J.S. 2009. Satellite-based estimates of groundwater depletion in India. *Nature*, 460(20): 999–1003. Available at https://doi.org/10.1038/nature08238.

Rogers, D.P. & Tsirkunov, V.V. 2013. *Weather and climate resilience: Effective preparedness through national meteorological and hydrological services*. Washington, DC, World Bank. Available at http://documents.worldbank.org/curated/en/308581468322487484/Weather-and-climate-resilience-effective-preparedness-through-national-meteorological-and- hydrological-services.

Samarasinghe, M. 2017. *Custom hiring: Impact on paddy cultivation in Sri Lanka*. Agfour Engineering Services.

Schmidley, A. 2014. Measures for reducing post-production losses in Rice. In D. Dawe, S. Jaffee & N. Santos, eds. *Rice in the shadow of skyscrapers: Policy choices in a dynamic East and Southeast Asian setting*, pp. 67–72. Rome, FAO.

Searby, L. 2018. India: Ration balancing boosts dairy producer profitability. *FeedNavigator*. Available at https://www.feednavigator.com/Article/2018/08/14/India-Ration-balancing-boosts-dairy-producer-profitability?.

Shaffril, H.A.M., Krauss, S.E. & Samsuddin, S.F. 2018. A systematic review on Asian's farmers' adaptation practices towards climate change. *Science of the Total Environment*, 644: 683–695. Available at https://doi.org/10.1016/j.scitotenv.2018.06.349.

Shah, T., Burke, J., Villholth, K., Angelica, M., Custodio, E., Daibes, F., Hoogesteger, J., *et al.* 2007. Groundwater: a global assessment of scale and significance. In D. Molden, ed. *Water for food, water for life: A comprehensive assessment of water management in agriculture*, pp. 395–423. Earthscan & IWMI. Available at http://dspace.ilri.org/handle/10568/35042.

Shah, T., Roy, A.D., Qureshi, A.S. & Wang, J. 2003. Sustaining Asia's groundwater boom: An overview of issues and evidence. *Natural Resources Forum*, 27: 130–141. Available at https://onlinelibrary.wiley.com/doi/pdf/10.1111/1477-8947.00048.

Tang, A.S.P. 2018. Reduction of sugars in prepackaged foods and beverages. *Food Safety Focus* 139. Available at https://www.cfs.gov.hk/english/multimedia/multimedia_pub/multimedia_pub_fsf_139_02.html).

Thow, A.M., Downs, S. & Jan, S. 2014. A systematic review of the effectiveness of food taxes and subsidies to improve diets: Understanding the recent evidence. *Nutrition Reviews*, 72(9): 551–565. Available at https://doi.org/10.1111/nure.12123.

Timmer, C.P. 2004. The road to pro-poor growth: The Indonesian experience in regional perspective. *Bulletin of Indonesian Economic Studies*, pp. 177–207.

Timmer, P., Falcon, W.P. & Pearson, S.R. 1983. *Food policy analysis*. Baltimore & London, The John Hopkins University Press. Available at http://documents.worldbank.org/curated/en/308741468762347702/Food-policy-analysis.

United States Department of Agriculture (USDA). 2017. Thai Excise Department implements new sugar tax on beverages. *GAIN Report* (TH7138). Available at https://gain. fas.usda.gov/Recent GAIN Publications/Thai Excise Department Implements New Sugar Tax on Beverages_Bangkok_Thailand_10-17-2017.pdf.

Vermeulen, S.J., Challinor, A.J., Thornton, P.K., Campbell, B.M., Eriyagama, N., Vervoort, J.M., Kinyangi, ***et al.*** 2013. Addressing uncertainty in adaptation planning for agriculture. *PNAS*, 110(21): 8357–8362. Available at https://doi.org/10.1073/pnas.1219441110.

Wadke, R. 2017. *Insurers deploy drones to check claims by farmers* [online]. Available at https://www.thehindubusinessline.com/economy/agri-business/insurers-deploy-drones-to-check-claims-by-farmers/article9583909.ece.

Willer, H. & Lernoud, J., eds. 2018. *The world of organic agriculture: Statistics and emerging trends 2018*. FiBL & IFOAM. Available at https://www.ifoam.bio/en/news/2018/06/19/download-world-organic-agriculture-2018-free.

Wood, S.A., Jina, A.S., Jain, M., Kristjanson, P. & DeFries, R.S. 2014. Smallholder farmer cropping decisions related to climate variability across multiple regions. *Global Environmental Change*, 25: 163–172. https://doi.org/10.1016/j.gloenvcha.2013.12.011.

图书在版编目（CIP）数据

动态发展、人口变化与膳食转变：关于亚洲及太平洋地区粮食体系的快速发展及其原因/联合国粮食及农业组织编著；谭茜园等译．—北京：中国农业出版社，2022.12

(FAO中文出版计划项目丛书)

ISBN 978-7-109-30131-3

Ⅰ.①动… Ⅱ.①联… ②谭… Ⅲ.①粮食问题—研究—亚太地区 Ⅳ.①F330.61

中国版本图书馆CIP数据核字（2022）第186362号

著作权合同登记号：图字01-2022-3730号

动态发展、人口变化与膳食转变

DONTAI FAZHAN RENKOU BIANHUA YU SHANSHI ZHUANBIAN

中国农业出版社出版

地址：北京市朝阳区麦子店街18号楼

邮编：100125

责任编辑：郑　君　　文字编辑：陈思羽

版式设计：杜　然　　责任校对：吴丽婷

印刷：北京通州皇家印刷厂

版次：2022年12月第1版

印次：2022年12月北京第1次印刷

发行：新华书店北京发行所

开本：700mm × 1000mm　1/16

印张：9

字数：180千字

定价：89.00元